1일 1장으로 완벽 대비

JLPT N2

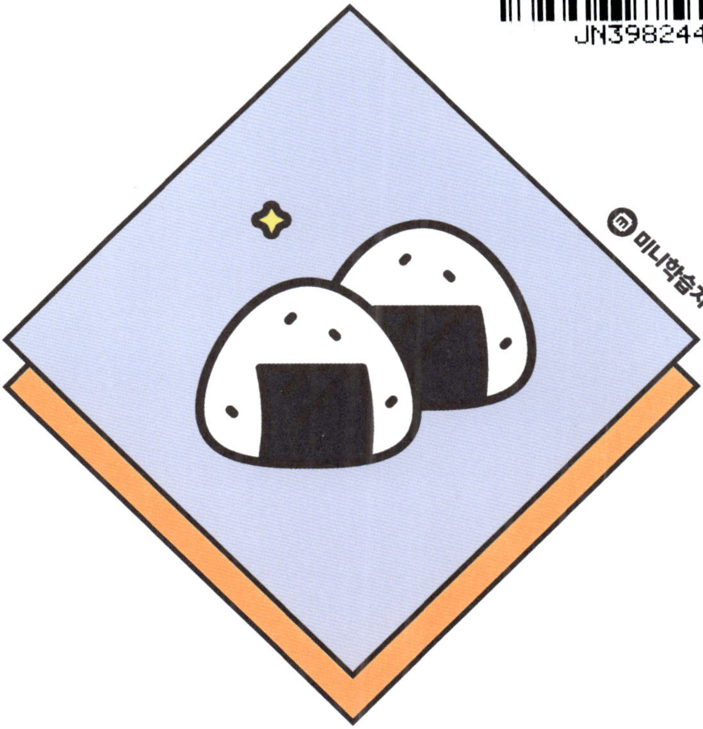

문자 어휘편 · 문법편

목차

문자어휘편

DAY 01	한자어 명사 ①	4
DAY 02	한자어 명사 ②	8
DAY 03	한자어 명사 ③	12
DAY 04	한자어 명사 ④	16
DAY 05	한자어 명사 ⑤	20
DAY 06	한자어 명사 ⑥	24
DAY 07	고유어 명사 ①	28
DAY 08	고유어 명사 ②	32
DAY 09	고유어 명사 ③	36
DAY 10	고유어 명사 ④	40
DAY 11	가타카나 명사 ①	44
DAY 12	가타카나 명사 ②	48
DAY 13	동사 ①	52
DAY 14	동사 ②	56
DAY 15	동사 ③	60
DAY 16	동사 ④	64
DAY 17	동사 ⑤	68
DAY 18	동사 ⑥	72
DAY 19	동사 ⑦	76
DAY 20	형용사 ①	80
DAY 21	형용사 ②	84
DAY 22	형용사 ③	88
DAY 23	형용사 ④	92
DAY 24	형용사 ⑤	96
DAY 25	형용사 ⑥	100
DAY 26	접속사, 부사, 확장표현 ①	104
DAY 27	접속사, 부사, 확장표현 ②	108
DAY 28	접속사, 부사, 확장표현 ③	112
DAY 29	접속사, 부사, 확장표현 ④	116
DAY 30	접속사, 부사, 확장표현 ⑤	120
정답	문자어휘편	186

문법편

DAY 01	126
DAY 02	128
DAY 03	130
DAY 04	132
DAY 05	134
DAY 06	136
DAY 07	138
DAY 08	140
DAY 09	142
DAY 10	144
DAY 11	146
DAY 12	148
DAY 13	150
DAY 14	152
DAY 15	154
DAY 16	156
DAY 17	158
DAY 18	160
DAY 19	162
DAY 20	164
DAY 21	166
DAY 22	168
DAY 23	170
DAY 24	172
DAY 25	174
DAY 26	176
DAY 27	178
DAY 28	180
DAY 29	182
DAY 30	184
정답 문법편	196

DAY 01 어휘체크 한자어 명사 ①

1 加入(かにゅう)

가입

新(しん)メンバーとして加入(かにゅう)しました。

CHECK! 入会(にゅうかい) 입회(모임에 들어가 회원이 되는 것)

2 改善(かいぜん)

개선

生活習慣(せいかつしゅうかん)を改善(かいぜん)しようと思っています。

3 改正(かいせい)

개정

法律(ほうりつ)を改正(かいせい)する。

CHECK! 改定(かいてい) 개정(금액, 수량 등을 새로이 다시 정함)

4 開催(かいさい)

개최

スポーツ大会の開催(かいさい)にはお金がかかります。

CHECK! 催(もよお)し 주최, 회합, 행사

5 拒否(きょひ)

거부

入国(にゅうこく)を拒否(きょひ)される場合があります。

6 乾燥(かんそう)

건조

乾燥器(かんそうき)を買ってから、家事(かじ)がとても楽になりました。

7 検討(けんとう)

검토

それでは、ご検討(けんとう)のほどよろしくお願いいたします。

8 警備(けいび)

경비

このビルは警備(けいび)がしっかりしている。

CHECK! 警備員(けいびいん) 경비원

9	経由(けいゆ)	경유
		この飛行機は、サウジアラビアを経由して、イギリスへ行きます。
10	継続(けいぞく)	계속
		契約を継続するかどうかが、今回の会議で決まります。
		CHECK! 続く 계속하다
11	過剰(かじょう)	과잉
		商品を過剰生産したせいで、経営が厳しくなりました。
12	管理(かんり)	관리
		これは大事な書類なので、厳しく管理されています。
13	観察(かんさつ)	관찰
		この仕事をする際は、高い観察力が必要です。
14	交代(こうたい)	교대
		私は看護師ですので、交代勤務をしています。
15	郊外(こうがい)	교외
		郊外住宅地への需要が上がっています。
16	求人(きゅうじん)	구인
		経済悪化のため、求人難がひどくなっている。
		CHECK! 募集 모집

17 構造

구조

社会の構造に関する調査を行っています。

CHECK! 仕組み 구조, 시스템

18 規模

규모

大学の規模は小さいですが、しっかり研究できるのでいいと思います。

19 機嫌

기분, 비위

今日、機嫌いいね！

CHECK! 気分 기분・気持ち 기분, 마음

20 技術

기술

技術の発展が、人間社会を豊かにするのです。

문제유형 맛보기

問題1 　　　の言葉の読み方として最もよいものを、1・2・3・4から一つ選びなさい。

1　その国でワールドカップが開催されることになりました。

1　がいざい　　　2　がいさい　　　3　かいさい　　　4　かいざい

1 다음 단어의 한자 표기와 발음을 연결하고 뜻을 써 보세요.

1. 技術 ・　　　　　　・ ① かんさつ　　[　　　　]
2. 過剰 ・　　　　　　・ ② かいせい　　[　　　　]
3. 改正 ・　　　　　　・ ③ かじょう　　[　　　　]
4. 経由 ・　　　　　　・ ④ ぎじゅつ　　[　　　　]
5. 観察 ・　　　　　　・ ⑤ けいゆ　　　[　　　　]

2 다음 괄호 안에 들어갈 것으로 가장 어울리는 단어를 고르세요.

1. 食習慣の(　　)が必要です。
   ① 改善　　　② 改正　　　③ 交代　　　④ 検討

2. (　　)すると、飛行機代が安くなるの。
   ① 管理　　　② 警備　　　③ 経由　　　④ 継続

3. 意外と(　　)が大きな会社でした。
   ① 規定　　　② 規模　　　③ 規則　　　④ 規約

3 다음 밑줄 친 단어의 뜻과 가장 비슷한 단어를 고르세요.

1. 社長は、給料の値上げ要求を拒否した。
   ① 受け入れる　② 受け取る　③ 受け入れない　④ 受け取らない

2. 人間の体の構造は、本当に不思議ですね。
   ① 計画　　　② プラン　　③ 仕舞い　　④ 仕組み

3. 新聞の求人広告を見ました。
   ① 募集する　② 観察する　③ 収穫する　④ 収集する

DAY 02　어휘체크　한자어 명사 ②

21 論争(ろんそう)
논쟁
二人の委員(いいん)は、激(はげ)しく論争(ろんそう)した。

22 逃亡(とうぼう)
도망
「逃亡者(とうぼうしゃ)」という映画を見たことある？
CHECK! 逃(に)げる 도망치다

23 名所(めいしょ)
명소
ここは、観光名所(かんこうめいしょ)として有名です。

24 矛盾(むじゅん)
모순
あなたの主張は矛盾(むじゅん)している。

25 貿易(ぼうえき)
무역
大学では、貿易(ぼうえき)を勉強しました。

26 密閉(みっぺい)
밀폐
100均(きん)で密閉容器(みっぺいようき)を買ったんだけど、意外とよかった！

27 返却(へんきゃく)
반납
あ、借りたDVD、返却(へんきゃく)しに行かなくちゃ。
CHECK! 返(かえ)す 반납하다, 돌려주다

28 反省(はんせい)
반성
今日一日を反省(はんせい)してみました。

29	発揮(はっき)	발휘	さ、実力を発揮してみようか！ **CHECK!** 腕前(うでまえ)を見せる 실력을 보여주다
30	防災(ぼうさい)	방재(재난을 방지함)	災害(さいがい)に備(そな)えて、防災用品(ぼうさいようひん)をいっぱい買ってきた。
31	範囲(はんい)	범위	試験範囲(しけんはんい)、どこまでだったっけ？
32	変更(へんこう)	변경	会議(かいぎ)の日時(にちじ)を変更(へんこう)しましたので、お知らせを確認してください。
33	普及(ふきゅう)	보급	冷蔵庫(れいぞうこ)の普及(ふきゅう)により、食品(ほぞん)の保存が簡単になりました。
34	保障(ほしょう)	보장	国は、国民の生活を最大限(さいだいげん)保障(ほしょう)する必要がある。
35	補足(ほそく)	보충(부족한 부분을 더함)	資料だけではわかりづらいので、補足(ほそく)で説明してほしいですが。 **CHECK!** 補充(ほじゅう) 보충・補完(ほかん) 보완
36	福祉(ふくし)	복지	公共(こうきょう)の福祉(ふくし)。 **CHECK!** 福利厚生(ふくりこうせい) 회사의 복지제도

37 **分解** ぶんかい

분해

微生物がごみを分解する。
びせいぶつ　　　　ぶんかい

CHECK! 分ける 나누다
　　　　 わ

38 **批判** ひはん

비판

彼はその案件について強く批判した。
かれ　　　あんけん　　　　つよ　ひはん

CHECK! 非難 비난・批評 비평
　　　　 ひなん　　　　ひひょう

39 **批評** ひひょう

비평

その映画の批評に共感した。
　　えいが　ひひょう　きょうかん

CHECK! 非難 비난・批判 비판
　　　　 ひなん　　　　ひはん

40 **削除** さくじょ

삭제

一度削除されたデータは、取り戻せません。
いちど さくじょ　　　　　　　　と　もど

CHECK! 消去 소거・消す 지우다
　　　　 しょうきょ　　け

✏️ 문제유형 맛보기

問題2 ＿＿＿の言葉を漢字で書くとき、最もよいものを1・2・3・4から一つ選びなさい。

1　間違ったデータはさくじょしてください。

1　削除　　　2　削条　　　3　消去　　　4　削減

1 다음 단어의 한자 표기와 발음을 연결하고 뜻을 써 보세요.

1 変更 ・　　　　　　・ ① みっぺい　　　[　　　　　]

2 福祉 ・　　　　　　・ ② ふくし　　　　[　　　　　]

3 反省 ・　　　　　　・ ③ はんせい　　　[　　　　　]

4 貿易 ・　　　　　　・ ④ へんこう　　　[　　　　　]

5 密閉 ・　　　　　　・ ⑤ ぼうえき　　　[　　　　　]

2 다음 괄호 안에 들어갈 것으로 가장 어울리는 단어를 고르세요.

1 その問題をめぐって(　　　)が行われている。
　① 議論　　　② 倫義　　　③ 世論　　　④ 口論

2 自分の実力を(　　　)してください。
　① 発想　　　② 発展　　　③ 発達　　　④ 発揮

3 近くに(　　　)用品を売る店があるらしいよ。
　① 災害　　　② 火災　　　③ 防災　　　④ 減災

3 다음 밑줄 친 단어의 뜻과 가장 비슷한 단어를 고르세요.

1 ここは、コーヒーの<u>名所</u>で有名だそうです。
　① 有名じゃないところ　　② 有名なところ
　③ 知られていないところ　④ 名前があるところ

2 <u>補足</u>で説明します。
　① 付け足す　② 加える　③ 加わる　④ 足りる

3 図書館に本を<u>返却</u>しに行く。
　① 返しに　　② 借りに　　③ 貸しに　　④ 返に

DAY 03　어휘체크　한자어 명사 ③

41 上昇 (じょうしょう)
상승
海水面が上昇している。
CHECK! 上がる 오르다

42 相互 (そうご)
상호
相互フォローお願いします。
CHECK! お互い 서로

43 省略 (しょうりゃく)
생략
では、あいさつは省略させていただきます。
CHECK! 略す 생략하다

44 所有 (しょゆう)
소유
この土地は、うちの会社が所有しています。
CHECK! 持つ 가지다

45 損害 (そんがい)
손해
今回の事件で、うちの会社は莫大な損害を受けた。

46 収納 (しゅうのう)
수납
この家の一番の長所は、収納がばっちりだというところです！

47 首脳 (しゅのう)
수뇌, 우두머리
世界首脳会議。

48 収穫 (しゅうかく)
수확
そろそろ、稲を収穫する時期です。

49	安定(あんてい)	안정
		経済が安定してきました。

| 50 | 諸国(しょこく) | 여러 나라 |
| | | 最近、アフリカ諸国の経済がものすごく発展している。 |

51	演説(えんぜつ)	연설
		彼の演説に感動しました。
		CHECK! スピーチ 스피치, 연설

| 52 | 延長(えんちょう) | 연장 |
| | | 貸出期限を延長しました。 |

| 53 | 礼儀(れいぎ) | 예의 |
| | | 日本では、お皿を持って食べるのが礼儀です。 |

| 54 | 予測(よそく) | 예측 |
| | | どのチームが優勝するか予測してみる。 |

| 55 | 汚染(おせん) | 오염 |
| | | 環境汚染がひどくなっている。 |

| 56 | 完了(かんりょう) | 완료 |
| | | パスポートナンバーの変更、完了しました。 |

| 57 | 外見 (がいけん) | 외견, 겉모습 |

外見だけで人を判断してはいけません。

| 58 | 要約 (ようやく) | 요약 |

じゃ、この文章の内容を誰か要約してみて。

| 59 | 用途 (ようと) | 용도 |

この道具の用途は何ですか？

CHECK! 使い道 용도, 사용법

| 60 | 優秀 (ゆうしゅう) | 우수 |

優秀な人材を養うのが目標です。

문제유형 맛보기

問題3（　　）に入れるのに最もよいものを、1・2・3・4から一つ選びなさい。

1 （　　）事情により、今回の会議は中止となりました。

1　不　　　　2　諸　　　　3　未　　　　4　元

1 다음 단어의 한자 표기와 발음을 연결하고 뜻을 써 보세요.

1️⃣ 収穫　・　　　　　・ ① そんがい　　　[　　　　　]

2️⃣ 損害　・　　　　　・ ② しゅうかく　　[　　　　　]

3️⃣ 完了　・　　　　　・ ③ おせん　　　　[　　　　　]

4️⃣ 予測　・　　　　　・ ④ かんりょう　　[　　　　　]

5️⃣ 汚染　・　　　　　・ ⑤ よそく　　　　[　　　　　]

2 다음 괄호 안에 들어갈 것으로 가장 어울리는 단어를 고르세요.

1️⃣ あの子は(　　　)が正しい。
　① くせ　　　　② 行儀　　　　③ 礼儀　　　　④ 習慣

2️⃣ 物価が(　　　)してきました。
　① 安心　　　　② 安易　　　　③ 安定　　　　④ 安売

3️⃣ (　　　)で人を判断するのはよくないです。
　① 外見　　　　② 外出　　　　③ 中身　　　　④ 内容

3 다음 밑줄 친 단어의 뜻과 가장 비슷한 단어를 고르세요.

1️⃣ マーティンルーサーキングの<u>演説</u>を聞いています。
　① スピーチ　　② トーク　　　③ おしゃべり　④ 言い方

2️⃣ <u>相互</u>の利益を考えましょう。
　① 一方　　　　② 片方　　　　③ 相手　　　　④ お互い

3️⃣ で、結局これの<u>用途</u>って何？
　① 工夫　　　　② やり方　　　③ 手段　　　　④ 使い道

DAY 04　어휘체크　한자어 명사 ④

61　偶然（ぐうぜん）
우연
彼とそこで出会ったのは本当に偶然でした。

62　援助（えんじょ）
원조
日本は、多くの国に経済援助をしています。
CHECK!　支援（しえん）지원

63　違反（いはん）
위반
それは、法律違反です。

64　引退（いんたい）
은퇴
父は、引退してふるさとに帰った。

65　議論（ぎろん）
의론
少子化問題について、活発な議論を交わした。
CHECK!　論議（ろんぎ）논의・話し合い 의논・討論（とうろん）토론

66　利益（りえき）
이익
会社は、利益を一番に考えなければならない。
CHECK!　メリット 메리트, 이익, 이점・デメリット 디메리트, 결점, 단점, 불리한 점

67　姿勢（しせい）
자세
姿勢を正して。

68　自体（じたい）
자체
その問題自体は、そこまで難しいものではなかった。

| 69 | 作業 (さぎょう) | 작업 |

手間のかかる作業を減らしましょう。

| 70 | 装置 (そうち) | 장치 |

エレベーターの安全装置が故障しています。

| 71 | 在籍 (ざいせき) | 재적(학교에 적을 둠) |

この大学の在籍学生数を教えてください。

| 72 | 催促 (さいそく) | 재촉 |

お忙しいところ、何度も催促をしてしまい、申し訳ございません。

| 73 | 抵抗 (ていこう) | 저항 |

なぜか彼の言うことには抵抗を感じる。

| 74 | 展開 (てんかい) | 전개 |

この小説は、ストーリーの展開がおもしろい。

| 75 | 専念 (せんねん) | 전념 |

あなたは何も考えず、研究に専念してください。

| 76 | 戦争 (せんそう) | 전쟁 |

人類は、昔2回の大きな戦争を起こしました。

77 節約 (せつやく)

절약

節約するのもいいけど、たまにはお金を使うことも大事だよ。

78 接続 (せつぞく)

접속

文と文を接続する単語のことを、「接続詞」という。

CHECK! アクセス 액세스 (인터넷 등에 접속하는 것)

79 頂上 (ちょうじょう)

(산 등의) 정상

エベレストの頂上に登ってみたい。

80 訂正 (ていせい)

정정

内容の間違いを訂正した。

CHECK! 直す 고치다 · 修正する 수정하다

📝 문제유형 맛보기

問題4 （　　　）に入れるのに最もよいものを、1・2・3・4から一つ選びなさい。

1　この仕事は、ちょっと（　　　）時間が長くかかりそうです。

1　展開　　　2　進行　　　3　仕事　　　4　作業

1 다음 단어의 한자 표기와 발음을 연결하고 뜻을 써 보세요.

1 装置　　・　　　　　　・① そうち　　　　[　　　　　　]

2 姿勢　　・　　　　　　・② しせい　　　　[　　　　　　]

3 偶然　　・　　　　　　・③ てんかい　　　[　　　　　　]

4 援助　　・　　　　　　・④ ぐうぜん　　　[　　　　　　]

5 展開　　・　　　　　　・⑤ えんじょ　　　[　　　　　　]

2 다음 괄호 안에 들어갈 것으로 가장 어울리는 단어를 고르세요.

1 取引先に(　　　)のメールを送らなければならない。
　① 援助　　　　② 催促　　　　③ 抵抗　　　　④ 専念

2 その国の独立をめぐって、(　　　)が起きた。
　① けんか　　　② 戦い　　　　③ 戦争　　　　④ 世論

3 このスイッチ、なんか(　　　)が悪いね。
　① アクセス　　② 接続　　　　③ 接近　　　　④ 設備

3 다음 단어의 쓰임이 가장 어울리는 것을 고르세요.

1 専念
　① 私は、大学で文学を専念しました。
　② 病気の治療だけに専念して。
　③ この映画は、ストーリーの専念がおもしろい。
　④ 私は、日本の文化の専念家です。

2 引退
　① その選手は、明日の大会で引退するらしい。
　② パクさんから仕事を引退してもらった。
　③ 明日、東京に引退します。
　④ この引退に入れていた書類、どこに行ったか知ってる？

DAY 05 　어휘체크　한자어 명사 ⑤

81 提供(ていきょう)
제공
この番組は、ご覧(らん)のスポンサーの提供(ていきょう)でお送りいたします。

82 製造(せいぞう)
제조
商品の製造年月日(せいぞうねんがっぴ)を確認してみて。

83 操作(そうさ)
조작
この機械は、操作(そうさ)方法が複雑です。

84 尊重(そんちょう)
존중
お互いの文化を尊重(そんちょう)しましょう。

85 注目(ちゅうもく)
주목
はい、ここに注目(ちゅうもく)してください。

86 硬貨(こうか)
주화(동전)
「硬貨(こうか)」は、「コイン」のことです。
CHECK! お札(さつ) 지폐・コイン 코인, 동전

87 中継(ちゅうけい)
중계
プロ野球を中継(ちゅうけい)する。

88 中断(ちゅうだん)
중단
医者の意見なしに、治療(ちりょう)を中断(ちゅうだん)してはいけません。

89	症状（しょうじょう）	증상

風邪の症状が出たら、病院に来てください。

90	指摘（してき）	지적

はい、ご指摘ありがとうございました。

91	支持（しじ）	지지

あの候補者は、市民から熱い支持を受けている。

92	参照（さんしょう）	참조

そちらについては、この論文の5ページを参照してください。

93	創造（そうぞう）	창조

今までになかったものを創造してみせる。

94	徹夜（てつや）	철야

明日が試験なので、徹夜で勉強した。

95	招待（しょうたい）	초대

パーティーに招待する。

96	撮影（さつえい）	촬영

あそこでドラマを撮影しているらしい。

| 97 | 追加
ついか | 추가
追加のご注文はいかがですか？ |

| 98 | 抽選
ちゅうせん | 추첨
抽選で2名様を香港旅行へご招待いたします。 |

| 99 | 出世
しゅっせ | 출세
あなたはきっと出世できるよ。 |

| 100 | 出版
しゅっぱん | 출판
最近は、自分で本を出版することもできるらしいよ。
CHECK! リリース 음반 등을 발매하다 |

문제유형 맛보기

問題5 ＿＿＿の言葉に意味が最も近いものを、1・2・3・4から一つ選びなさい。

1 旅行の時使って、残った<u>硬貨</u>を持ってきました。

1 お札　　　　2 紙幣　　　　3 お金　　　　4 コイン

1 다음 단어의 한자 표기와 발음을 연결하고 뜻을 써 보세요.

1 製造 ・　　　　　　　・ ① ちゅうせん　　[　　　　]

2 症状 ・　　　　　　　・ ② しょうじょう　[　　　　]

3 創造 ・　　　　　　　・ ③ そうぞう　　　[　　　　]

4 追加 ・　　　　　　　・ ④ せいぞう　　　[　　　　]

5 抽選 ・　　　　　　　・ ⑤ ついか　　　　[　　　　]

2 다음 괄호 안에 들어갈 것으로 가장 어울리는 단어를 고르세요.

1 その法律は国民に高く(　　　)されている。
　① 支持　　　　② 支障　　　　③ 技術　　　　④ 持参

2 相手の文化を(　　　)することは大事です。
　① 尊敬　　　　② 尊重　　　　③ 損害　　　　④ 無視

3 テスト前なので、最近毎日(　　　)で勉強している。
　① 鉄度　　　　② 鉄道　　　　③ 深夜　　　　④ 徹夜

3 다음 단어의 쓰임이 가장 어울리는 것을 고르세요.

1 中継
　① テレビが中継されました。
　② 段ボールの中継を確認してください。
　③ サッカーの中継放送を準備しています。
　④ 今月の中継に日本に行く予定です。

2 提供
　① 彼の提供に賛成しています。
　② 当ホテルでは、シャンプーとボディークリームを提供しています。
　③ 身分証をご提供ください。
　④ 誰かいい提供を出してみてください。

DAY 06　어휘체크　한자어 명사 ⑥

101 衝突(しょうとつ)
충돌
衝突事故が起きた。
CHECK! ぶつかる 부딪치다

102 治療(ちりょう)
치료
病気の治療のために、大学病院に来た。
CHECK! 診察 진찰・診る 의사가 진찰하다

103 討論(とうろん)
토론
ごみの分類問題について討論します。

104 破片(はへん)
파편
ガラスが割れた。破片があるかもしれないから、気をつけてね。
CHECK! 欠片 조각

105 平等(びょうどう)
평등
人間はみんな平等です。差別してはいけません。
CHECK! 差別 차별

106 評判(ひょうばん)
평판
あの人は、近所で評判がいい。

107 廃止(はいし)
폐지
その制度は、廃止されました。

108 爆発(ばくはつ)
폭발
コーラにこの飴を入れたら、爆発するんです。

109	皮膚 (ひふ)	피부	ニキビがひどいので、皮膚科に行こうかと思ってる。 **CHECK!** 肌 피부・皮ふ라고 하기도 해요.
110	限定 (げんてい)	한정	期間限定のいちごソーダです。
111	合同 (ごうどう)	합동	では、就職合同説明会を始めます。
112	解散 (かいさん)	해산	解散は17時です。
113	解約 (かいやく)	해약	携帯電話の契約を解約したいですが。
114	現象 (げんしょう)	현상	ヒートアイランド現象とは、都心部の気温が上がることです。
115	刑事 (けいじ)	형사	母は、刑事ドラマが大好きです。
116	混乱 (こんらん)	혼란	正解かどうかわからなくて混乱する。

117	確保 かくほ	확보 ゲームで勝つためには、戦力を確保することが大事だ。
118	拡充 かくじゅう	확충 医療施設の拡充が予定されています。
119	回復 かいふく	회복 やっと、体調が回復してきました。
120	比例 ひれい	비례 比例代表制度は、国民の意思を反映するためにあります。

문제유형 맛보기

問題6 次の言葉の使い方として最もよいものを、1・2・3・4から一つ選びなさい。

1 解約

1 あのグループは、25周年ぶりに解約した。
2 インターネットを解約した。
3 規制を解約しました。
4 その記事が、やっと解約された。

1 다음 단어의 한자 표기와 발음을 연결하고 뜻을 써 보세요.

1 衝突 ・　　　　　　・ ① ひふ　　　　　[　　　　　]

2 破片 ・　　　　　　・ ② しょうとつ　　[　　　　　]

3 評判 ・　　　　　　・ ③ はいし　　　　[　　　　　]

4 廃止 ・　　　　　　・ ④ ひょうばん　　[　　　　　]

5 皮膚 ・　　　　　　・ ⑤ はへん　　　　[　　　　　]

2 다음 괄호 안에 들어갈 것으로 가장 어울리는 단어를 고르세요.

1 人間は、すべて(　　　)です。
　① 平気　　　② 平野　　　③ 平等　　　④ 平和

2 うちの学校では、毎年中学校と高校が一緒に(　　　)運動会をする。
　① 合理　　　② 合同　　　③ 合体　　　④ 合席

3 「シンドローム」は、日本語では社会(　　　)という。
　① 現在　　　② 現象　　　③ 現実　　　④ 現代

3 다음 단어의 뜻과 가장 비슷한 단어를 고르세요.

1 娘の学校は、今年から制服を<u>廃止</u>した。
　① なくす　　② なくなる　　③ 保つ　　　④ 失う

2 車<ruby>同士<rt>どうし</rt></ruby>が<u>衝突</u>した。
　① 突っ込んだ　② ぶつかった　③ ぶつけた　④ 衝撃した

3 あのモデルは、<u>肌</u>がきれいなことで有名だ。
　① 足　　　　② 腕　　　　③ 指　　　　④ 皮膚

DAY 07 　어휘체크　고유어 명사 ①

121　会釈(えしゃく)
가벼운 인사
会釈をする。
CHECK!　お辞儀 인사

122　最寄り(もより)
가장 가까움
最寄りの駅は、大阪駅です。

123　強火(つよび)
강불
チャーハンは、強火で炒めてください。

124　強み(つよみ)
강점
語学力は、就職市場で強みになる。
CHECK!　強さ 강함・特徴 특징・長所 장점

125　ご無沙汰(ごぶさた)
격조
ご無沙汰しております。お元気でしたか。
CHECK!　久しぶり 오랜만・久々 오랜만

126　見本(みほん)
견본
ドレスの見本を見せてください。
CHECK!　サンプル 샘플

127　景色(けしき)
경치
ここの景色は、最高だ。
CHECK!　風景 풍경

128　きっかけ
계기
私が日本の大学に行こうと決めたきっかけは、芸能人でした。
CHECK!　契機 계기

129 勘定(かんじょう)
계산, 셈
お勘定(かんじょう)お願いします。
CHECK! 会計(かいけい) 계산, 회계

130 地元(じもと)
고장, 근거지
地元(じもと)住民たちの意見を聞くべきです。
CHECK! ふるさと 고향・故郷(こきょう) 고향

131 苦情(くじょう)
고충, 불평, 불만
苦情(くじょう)を訴(うった)える。
CHECK! 文句(もんく) 불평, 불만・クレーム 클레임, 이의 제기

132 役人(やくにん)
공무원
市の役人(やくにん)として働いています。
CHECK! 公務員(こうむいん) 공무원

133 隅(すみ)
구석
それは、部屋の隅(すみ)に置いてください。

134 吐(は)き気(け)
구역질
ちょっと、吐(は)き気(け)がしています。
CHECK! 吐(は)く 구토하다

135 工夫(くふう)
궁리, 고안
もっと効率的(こうりつてき)になるよう、工夫(くふう)してください。

136 上達(じょうたつ)
기능이 향상됨
言語が上達(じょうたつ)する。

137 勢い (いきお)

기세
あの選手の勢いが最近ものすごいですね。

138 手前 (てまえ)

눈 앞, 자기 앞
手前の道具を取ってください。

139 相違 (そうい)

다름, 틀림
事実とは相違があります。

CHECK! 違う 다르다, 틀리다

140 台詞 (せりふ)

대사
今回の舞台の台詞は、難しかったです。

📝 문제유형 맛보기

問題1 ＿＿＿の言葉の読み方として最もよいものを、1・2・3・4から一つ選びなさい。

[1] 人に会ったら、軽く<u>会釈</u>しましょう。

1 えじゃく　　2 かいじゃく　　3 えしゃく　　4 かいしゃく

1 다음 단어의 한자 표기와 발음을 연결하고 뜻을 써 보세요.

1. 役人 ・　　　　・ ① せりふ　　　　[　　　　]
2. 景色 ・　　　　・ ② やくにん　　　[　　　　]
3. 相違 ・　　　　・ ③ はきけ　　　　[　　　　]
4. 吐き気 ・　　　　・ ④ そうい　　　　[　　　　]
5. 台詞 ・　　　　・ ⑤ けしき　　　　[　　　　]

2 다음 괄호 안에 들어갈 것으로 가장 어울리는 단어를 고르세요.

1. お手洗いは、通路の(　　　)側にあります。
　① 横　　　② 縦　　　③ 下　　　④ 手前

2. 最初は難しくても、頑張ればきっと(　　　)するよ。
　① 上手　　② 下手　　③ 上達　　④ 上昇

3. もっと早く仕事を終わらせることができる方法を(　　　)しよう。
　① 勉強　　② 仕組む　　③ 工夫　　④ 工事

3 다음 단어의 뜻과 가장 비슷한 단어를 고르세요.

1. <u>最寄り</u>の駅はどこですか？
　① 近い　　② 遠い　　③ 離れた　　④ 曖昧

2. 私は<u>役人</u>として働いています。
　① フリーター　② 公務員　③ フリーランサー　④ 会社員

3. 私の<u>地元</u>は、りんごで有名です。
　① ふるさと　② 地域　③ 家　④ 会社

DAY 08　어휘체크　고유어 명사 ②

141　汗（あせ）
땀
汗かく姿、とても素敵さ。

142　格好（かっこう）
모습, 모양
これ、格好いいね！

143　群れ（む）
무리
チーターの群れが平野を歩いている。

144　引き分け（ひわ）
무승부
熱く戦った結果、引き分けで勝負が終わった。
CHECK!　ドロー 무승부

145　水滴（すいてき）
물방울
マップに水滴がつく。
CHECK!　水玉 물방울

146　間際（まぎわ）
바로 곁, 직전
電車の発車間際に飛び乗った。
CHECK!　寸前 직전, 바로 앞・直前 직전

147　足元（あしもと）
발치
足元にご注意ください。

148　油断（ゆだん）
방심, 부주의
油断すると負ける。

149 邪魔(じゃま)

방해

お父さんの邪魔(じゃま)をしちゃだめよ。

150 壁(かべ)

벽

壁(かべ)にきれいなポスターを貼った。

151 言(い)い訳(わけ)

변명

言(い)い訳(わけ)しないで素直(すなお)に謝(あやま)りましょう。

152 辺(あた)り

부근, 언저리

この辺(あた)りにコンビニはありますか?

CHECK! 周辺(しゅうへん) 주변

153 骨(ほね)

뼈

骨(ほね)が折れることを、「骨折(こっせつ)」と言います。

154 遠慮(えんりょ)

사양, 겸손

遠慮(えんりょ)しないで、どんどん食べて。

155 山(やま)のふもと

산기슭

子どもの頃(ころ)、山(やま)のふもとに住んでいました。

156 案(あん)の定(じょう)

생각한 대로, 예측한 대로, 아니나 다를까

案(あん)の定(じょう)、彼女は電話をかけてきた。

157 元日 （がんじつ）
설날, 1월 1일
もともと、元日には料理しないものです。
CHECK! 元旦 1월 1일, 설날

158 名字 （みょうじ）
성
日本で一番多い名字は「佐藤」です。

159 世間 （せけん）
세간
世間の目を気にしすぎて、好きなことを諦めないでください。

160 世の中 （よのなか）
세상
世の中には、不思議なことが多い。

문제유형 맛보기

問題2 ＿＿＿の言葉を漢字で書くとき、最もよいものを1・2・3・4から一つ選びなさい。

1 簡単な問題だからといって、ゆだんしてはいけない。

1 油単　　2 油断　　3 由来　　4 由緒

1 다음 단어의 한자 표기와 발음을 연결하고 뜻을 써 보세요.

1. 間際　・　　　　　・ ① まぎわ　　　　[　　　　　]
2. 遠慮　・　　　　　・ ② じゃま　　　　[　　　　　]
3. 邪魔　・　　　　　・ ③ かっこう　　　[　　　　　]
4. 格好　・　　　　　・ ④ えんりょ　　　[　　　　　]
5. 案の定 ・　　　　　・ ⑤ あんのじょう　[　　　　　]

2 다음 괄호 안에 들어갈 것으로 가장 어울리는 단어를 고르세요.

1. 床が滑りやすくなっていますので、足(　　)に気をつけてください。
　　① 元　　　　② 中　　　　③ 前　　　　④ 後

2. 歩きすぎて、(　　)かいた。
　　① 汗　　　　② 汁　　　　③ 泡　　　　④ 滴

3. 私の(　　)は、キムです。
　　① 名字　　　② 名所　　　③ 名札　　　④ 名詞

3 다음 단어의 뜻과 가장 비슷한 단어를 고르세요.

1. 案の定、あのチームは負けてしまった。
　　① 予測通り　② 予測のまま　③ 意外と　　④ 例外

2. 出発間際に電話が来た。
　　① 直後　　　② 直前　　　③ 時間　　　④ 時点

3. この帽子、格好いい？
　　① 顔　　　　② 色　　　　③ 姿勢　　　④ 姿

DAY 09 　어휘체크　고유어 명사 ③

161　手入れ
손질, 보살핌
おじいさんは、庭を手入れするのが趣味だ。

162　手間
수고
手間がかかる作業。

163　恥
수치, 부끄러움
お母さんのせいで恥かいた！変な料理作らないで。

164　息抜き
숨을 돌림, 휴식
ちょっと息抜きする時間も必要だ。
CHECK!　休み 휴식・休息 휴식

165　身元
신원
日本で部屋を借りるためには、身元を保証する人がいなければなりません。

166　弱火
약불
弱火で煮込んでください。

167　了解
양해
了解を得る。

168　肩
어깨
肩が重い。
CHECK!　肩書き 직책

169	**めまい**	어지러움
		なんかめまいがする。

170	**坂** _{さか}	언덕
		なだらかな坂を上ると、家が出ます。

171	**かかりつけ**	언제나 한 의사에게 진료를 받음
		かかりつけのお医者さんに診てもらいました。

172	**容姿** _{ようし}	얼굴 모양과 몸매
		そのスーツ、あなたの容姿にとても似合ってるね。
		CHECK! 容姿端麗 용모단정

173	**役目** _{やくめ}	역할, 임무, 책임, 직무
		親の役目を果たす。

174	**煙** _{けむり}	연기
		あそこのビルから煙が出ている。火事じゃない？

175	**目上** _{めうえ}	연상
		日本では、目上の人にも敬語を使わないことがあります。

176	**ゆとり**	여유
		ゆとりがある人になりたいです。

#	単語	意味
177	頼(たよ)り	의지 頼(たよ)りになれる人になるように頑張ります。 **CHECK!** 頼(たよ)れる 의지가 되다
178	人込(ひとご)み	인파로 북적임 原宿(はらじゅく)はいつも大変な人込(ひとご)みだ。
179	人柄(ひとがら)	인품 あの人は人柄(ひとがら)がいい。 **CHECK!** 性格 성격
180	和風(わふう)	일본풍 私は和風明太子(わふうめんたいこ)スパゲッティが好きです。

문제유형 맛보기

問題3（　　）に入れるのに最もよいものを、1・2・3・4から一つ選びなさい。

1 ヨーロッパ（　　）インテリアが最近流行っていますね。

1 不　　　2 元　　　3 観　　　4 風

1 다음 단어의 한자 표기와 발음을 연결하고 뜻을 써 보세요.

① 坂　・　　　　　　・ ① はじ　　　[　　　　　]

② 恥　・　　　　　　・ ② よわび　　[　　　　　]

③ 弱火　・　　　　　・ ③ さか　　　[　　　　　]

④ 容姿　・　　　　　・ ④ ひとごみ　[　　　　　]

⑤ 人込み　・　　　　・ ⑤ ようし　　[　　　　　]

2 다음 괄호 안에 들어갈 것으로 가장 어울리는 단어를 고르세요.

① 私の部屋を和(　　　)にインテリアしてみました。
　① 流　　　② 界　　　③ 元　　　④ 風

② この庭は、よく(　　　)されていますね。
　① 手入れ　② 手間　③ 手抜き　④ 手品

③ 親としての(　　　)を果たすために、子どもと向き合うことにしました。
　① 役立ち　② 役員　③ 役目　④ 役人

3 다음 단어의 뜻과 가장 비슷한 단어를 고르세요.

① 無理しないで、少し息抜きしてきて。
　① 休む　② 走る　③ 呼吸する　④ 急ぐ

② あの人は、人柄も容姿もいい。
　① 性格　② 外見　③ 姿　④ 姿勢

③ 目上の人には、礼儀正しくしましょう。
　① 年下　② 同じ年　③ お年寄り　④ 年上

DAY 10　어휘체크　고유어 명사 ④

181　誇り　ほこり
자랑, 긍지
東京大学に通っている娘は、私の誇りです。
CHECK!　自慢 자랑

182　誤り　あやまり
잘못
誤りがありましたので、訂正させていただきます。
CHECK!　ミス 실수

183　少子化　しょうしか
저출산
少子化問題が激しくなっていく今、私たちにできることは何でしょうか。

184　用心　ようじん
조심, 주의, 경계
火の用心。
CHECK!　気をつける 주의하다, 조심하다・注意する 주의하다

185　昼間　ひるま
주간
普段、昼間は何をしますか？
CHECK!　日中 낮 동안

186　催し　もよおし
주최, 회합, 행사
このデパートでは、毎年2月にいろんな催しをする。
CHECK!　イベント 이벤트

187　屋根　やね
지붕
屋根の上に鳥が1羽座っている。

188　指図　さしず
지시, 지휘, 지명
先生の指図通り作業してください。

189 **心当たり**
こころあ

짐작 가는 곳

息子が行きそうなところで、心当たりでもある？

190 **素人**
しろうと

초심자, 초보자

まだ料理を始めたばかりの素人なのに、よくやるな。

191 **腕**
うで

팔, 솜씨, 실력

プロのシェフに、料理の腕が上がる秘訣を聞いてみました！

CHECK!　実力 실력・腕前 솜씨, 역량, 기량

192 **目安**
めやす

표준, 기준, 목표

パスポートの発行までの時間的目安はどのくらいですか？

193 **目印**
めじるし

표지, 표적

あのビルの看板を目印に、歩いてきた。

194 **愚痴**
ぐち

푸념

愚痴をこぼすだけじゃ、何も始まらないよ。

CHECK!　文句 불평, 불만・苦情 불평, 클레임, 이의 제기

195 **肌**
はだ

피부

きれいな肌のために、野菜をよく食べています。

CHECK!　皮膚 피부

196 **港**
みなと

항구

横浜は、日本最大の港でした。

197	行方(ゆくえ)	행방 行方不明者を探しています。
198	打ち合わせ(うちあわせ)	(사전) 협의 仕事の打ち合わせをする。
199	都合(つごう)	형편, 사정 ご都合の良い日時を教えていただきますと幸いです。
200	袋(ふくろ)	봉투 袋は100円です。

문제유형 맛보기

問題4（　　）に入れるのに最もよいものを、1・2・3・4から一つ選びなさい。

[1] 最近、(　　)で、人口が減っている。

1　少子化　　2　高齢化　　3　小子化　　4　低出産

1 다음 단어의 한자 표기와 발음을 연결하고 뜻을 써 보세요.

1 催し ・　　　　　　　・ ① しろうと　　　[　　　　　]

2 素人 ・　　　　　　　・ ② ゆくえ　　　　[　　　　　]

3 目印 ・　　　　　　　・ ③ もよおし　　　[　　　　　]

4 行方 ・　　　　　　　・ ④ あやまり　　　[　　　　　]

5 誤り ・　　　　　　　・ ⑤ めじるし　　　[　　　　　]

2 다음 괄호 안에 들어갈 것으로 가장 어울리는 단어를 고르세요.

1 自分自身に(　　　)と自信を持って生きていきましょう。
　　① 誇り　　　　② 誤り　　　　③ 腕　　　　④ 謝り

2 今年の福(ふく)(　　　)も楽しみだね。
　　① ポケット　　② かばん　　　③ 紙　　　　④ 袋

3 この事件に関して、何か(　　　)はないですか？
　　① ヒント　　　② 心当たり　　③ 辺り　　　④ 都合

3 다음 단어의 뜻과 가장 비슷한 단어를 고르세요.

1 火の用心。
　　① 契機　　　　② 関心　　　　③ 興味　　　④ 注意

2 誤りを見つけたら、すぐ連絡してください。
　　① ミス　　　　② 失敗　　　　③ 失望　　　④ 事故

3 昼間はいつも家の掃除で忙しいです。
　　① 日中　　　　② 夜中　　　　③ 夜明け　　④ 朝晩

DAY 11　어휘체크　가타카나 명사 ①

201 スペース
공간, 여백, 장소
荷物を置くスペースを作っといて。
CHECK! 空間 공간・場所 장소

202 リストラ
구조 조정
経済悪化の影響で、多くの企業でリストラが行われている。

203 ニーズ
니즈, 수요
まずはお客さんのニーズを調査してみましょう。

204 ライバル
라이벌
あの二人はライバルだけど、とても仲がいい。

205 ランキング
랭킹
今年の夏、旅行に行きたい国ランキングを発表します！
CHECK! 順位 순위

206 ラッシュアワー
러시 아워
ラッシュアワーの電車は、いつも息苦しい。

207 レベル
레벨, 수준
息子の通っている高校は、レベルが高い。
CHECK! 水準 수준

208 レンタル
렌탈, 대여
レンタル自習室って何？
CHECK! 借りる 빌리다

209	リーダー	리더

グループのリーダーを務めています。

210	リズム	리듬

リズムに合わせて、思いっきり踊ってみましょう。

211	リラックス	릴랙스, 휴식

試合に出る前は、緊張せずリラックスしようとしています。

212	マイペース	마이페이스(자기 나름의 방식, 속도)

あの人は、ちょっとマイペースなところがあるよね。

213	マスコミ	매스컴

マスコミの影響力は強い。

214	メリット	메리트, 이점

何事にもメリットとデメリットを考えて動かなければならない。

CHECK! デメリット 디메리트, 불리한 점, 단점

215	アレンジ	배열, 배치, 정리, 편곡

その名曲を、ジャズ風にアレンジしてみました。

216	バランス	밸런스, 균형

栄養バランスの取れた食事をしよう。

CHECK! 均衡 균형

217	**ブーム**	붐, 유행
		最近、不動産ブームが続いていますね。
		CHECK! 流行 유행・流行る 유행하다
218	**サイン**	사인, 서명, 신호
		こちらにサインをお願いします。
		CHECK! 合図 신호・署名 서명
219	**ゼミ**	소인수 연구회
		どの先生のゼミに入ることにしたの？
220	**ショック**	쇼크
		あの芸能人がもう結婚していたなんて、ショックだよ！

문제유형 맛보기

問題5 ＿＿＿の言葉に意味が最も近いものを、1・2・3・4から一つ選びなさい。

1 日本人が一番よく行く外国の<u>ランキング</u>を発表した。

1 順番　　　2 順序　　　3 順位　　　4 順

1 다음 단어의 표기와 발음을 연결하고 뜻을 써 보세요.

① リストラ　・　　　　　・　① れんたる　　　[　　　　　]

② スペース　・　　　　　・　② ばらんす　　　[　　　　　]

③ ブーム　　・　　　　　・　③ ぶーむ　　　　[　　　　　]

④ バランス　・　　　　　・　④ りすとら　　　[　　　　　]

⑤ レンタル　・　　　　　・　⑤ すぺーす　　　[　　　　　]

2 다음 괄호 안에 들어갈 것으로 가장 어울리는 단어를 고르세요.

① あの人はちょっと(　　　)なところがあります。

　① ライバル　　　② リラックス　　　③ マイペース　　　④ アレンジ

② (　　　)に取り上げられる。

　① マスゲーム　　② マスコミ　　　　③ マインド　　　　④ マイペース

③ ダンスがうまくなりたいなら、まずは歌の(　　　)をしっかり身につけないと。

　① 歌　　　　　　② リズム　　　　　③ 音　　　　　　　④ ステップ

3 다음 단어의 쓰임이 가장 어울리는 것을 고르세요.

① リラックス

　① リラックスせず、落ち着いて話してみて。

　② 緊張しないで。リラックスして。

　③ 今日はリラックスなので、連絡が難しいかもしれません。

　④ 栄養のリラックスも考えて料理をしています。

② ニーズ

　① 消費者のニーズを調べています。

　② 私がニーズなのは、そのサングラスです。

　③ あの人はちょっとニーズな性格だ。

　④ 最近経済が悪くなって、ニーズされる人が多くなっているんだって。

DAY 12 어휘체크   가타카나 명사 ②

221 スタッフ
스태프, 직원
何かお探しでしたら、お気軽に店のスタッフまでどうぞ。

222 ミス
실수
ミスしたら、すぐみんなと話し合うように。
CHECK! 誤り 잘못

223 プレッシャー
심리적, 정신적 압박
新入社員にあんまプレッシャーかけないでね。

224 アピール
어필
自分ができるということを、アピールしないと。

225 エンジニア
엔지니어
私は、エンジニアとして今までキャリアを積んできました。

226 オリジナル
오리지널
この映画のオリジナルサウンドトラックが大好きです。

227 ポスト
우체통
ポストに何か入ってた？

228 カロリー
칼로리
ダイエットを成功させたいなら、低カロリー料理を食べて。

229	コミュニケーション	커뮤니케이션
		グローバル社会でコミュニケーションを取るためには、英語を勉強しなければならない。
230	ターゲット	타겟, 표적
		独身（どくしん）男女をターゲットにしたアイデア商品。
231	タイミング	타이밍
		タイミングが良くなかった。
232	テンポ	템포, 음악 또는 일의 속도
		テンポを上げて進めてみようか。
233	トラブル	트러블
		取引先とのトラブルは、無事解決できました。
234	パス	패스, 승차권
		関西旅行に行く際は、「するっと関西」パスを買った方がいいよ。
		CHECK! 乗車券（じょうしゃけん） 승차권
235	パターン	패턴
		またそのパターンか。それはもう読まれてるよ。
236	パンク	펑크
		車がパンクしたから、修理に出したよ。

237 ポイント
포인트, 요점

この問題のポイントは、後ろに何が来るかを見分けることです。

238 プライベート
프라이빗, 사적

いくら好きでも、プライベートは守ってあげるのが、本当のファンだよ。

239 プラン
플랜

来月のプランを発表します。

CHECK! 計画 계획・日程 일정

240 ヒット
히트

90年代のヒットソングを聞いています。

문제유형 맛보기

問題6 次の言葉の使い方として最もよいものを、1・2・3・4から一つ選びなさい。

[1] ターゲット

1 好きな人には、積極的（せっきょくてき）にターゲットしてみて。
2 どんなに仲良くても、お互いのターゲットは守りましょう。
3 若い男性をターゲットにした製品です。
4 ターゲットをうまくするには、人といっぱい交流しなければならない。

1 다음 단어의 표기와 발음을 연결하고 뜻을 써 보세요.

1. スタッフ ・　　　　・ ① おりじなる　　　[　　　　]
2. ミス ・　　　　　　・ ② かろりー　　　　[　　　　]
3. カロリー ・　　　　・ ③ みす　　　　　　[　　　　]
4. ポイント ・　　　　・ ④ すたっふ　　　　[　　　　]
5. オリジナル ・　　　・ ⑤ ぽいんと　　　　[　　　　]

2 다음 괄호 안에 들어갈 것으로 가장 어울리는 단어를 고르세요.

1. 子供にあまり勉強で(　　　)をかけない方がいい。
　① カロリー　　② プレッシャー　　③ フレッシュ　　④ アピール

2. 母は、景品(けいひん)が当たったかを確認でもするかのように、毎朝(　　　)を見ている。
　① ポスト　　② パス　　③ 郵便　　④ かご

3. 告白(こくはく)する(　　　)がつかめなくて困っている。
　① アイデア　　② タイミング　　③ ポイント　　④ デザイン

3 다음 단어의 쓰임이 가장 어울리는 것을 고르세요.

1. パス
　① 日本に行くために、パスを申請した。
　② あのパスがゴールにつながったのだ。
　③ パスが来たが、いつもポストを見つめている。
　④ パスがなくて、宅配(たくはい)を受け取れなかった。

2. コミュニケーション
　① 人と上手くコミュニケーションするためにはどうしたらいいでしょうか？
　② あのコミュニケーションは壊れているよ。
　③ 好きな人にコミュニケーションするタイミングがつかめなくて困っている。
　④ 明日、ディニーズの前でコミュニケーションしようね。

DAY 13 어휘체크 동사 ①

241 詰め込む — 가득 채워 넣다
箱に荷物をぎっしりと詰め込んだ。
CHECK! 詰める의 강조 형태

242 揃える — 가지런히 정돈하다, 갖추다
では、旅行に必要な物を揃えましょう。

243 揃う — 갖춰지다
これで、客用の布団は全部揃ったのかな？

244 収める — 거두다, 얻다
成功を収めるために、彼女は裏でどれだけ練習してきたんだろう。

245 逆らう — 거스르다, 거역하다
親に逆らう。

246 断る — 거절하다
とてもいいご提案ですが、今回はお断りいたします。

247 積み重なる — 겹쳐 쌓이다
机の上に本が積み重なっている。
CHECK! 積み重ねる 겹쳐 쌓다

248 重なる — 겹쳐지다
ミルフィーユは、生地が何枚も重なったケーキのことです。
CHECK! 重ねる 겹치다

249 競う
경쟁하다
スポーツ大会では、選手たちが実力を競う。

250 うつむく
고개를 숙이다, 떨구다
ちょっとミスしたくらいでうつむかないで。大丈夫だよ。

251 悩む
고민하다
悩むことは、人間だからこそできる、素晴らしい能力です。

252 雇う
고용하다
人を雇うことは難しいです。
CHECK! 雇用 고용・解雇 해고

253 攻める
공격하다, 진격하다
はい、今回はうちのチームが攻めるチャンスだよ。
CHECK! 責める 책망하다

254 救う
구원하다
誰かの命を救った。

255 求める
구하다, 바라다, 요구하다
国の許可を求める。

256 固める
굳히다, 확고히 하다
決心を固める。
CHECK! 固まる 굳어지다, 확고해지다

257 誘（さそ）う
권하다, 초대하다

パーティーに誘（さそ）ってもらった。

CHECK! 招待（しょうたい）する 초대하다 · 招（まね）く 초대하다

258 乗（の）り越（こ）える
극복하다

それは困難（こんなん）を乗（の）り越（こ）えるための壁（かべ）なんだ。

CHECK! 克服（こくふく）する 극복하다

259 養（やしな）う
기르다, 부양하다

まだ20代なのに家族を養（やしな）うなんて偉（えら）いね。

260 傾（かたむ）く
기울다, 한쪽으로 쏠리다

意見（いけん）が傾（かたむ）かないように、中立（ちゅうりつ）を守（まも）りましょう。

문제유형 맛보기

問題1 ＿＿＿の言葉の読み方として最もよいものを、1・2・3・4から一つ選びなさい。

1 道具は揃った。

1 ぞろった　　2 そりょった　　3 そろった　　4 そろえた

1 다음 단어의 한자 표기와 발음을 연결하고 뜻을 써 보세요.

1 養う ・　　　　　　・ ① かさなる　　　[　　　　　]

2 固める ・　　　　　　・ ② かためる　　　[　　　　　]

3 収める ・　　　　　　・ ③ ことわる　　　[　　　　　]

4 断る ・　　　　　　・ ④ やしなう　　　[　　　　　]

5 重なる ・　　　　　　・ ⑤ おさめる　　　[　　　　　]

2 다음 괄호 안에 들어갈 것으로 가장 어울리는 단어를 고르세요.

1 実力を(　　　)。
　① 競う　　　② 学ぶ　　　③ 戦う　　　④ 逆らう

2 頭にテストの内容を(　　　)。
　① 入れられる　② 詰め込む　③ 入る　　　④ 込める

3 1回ミスしたくらいで、そんなに(　　　)。
　① うなずかないで　② うつむいて　③ うつむかないで　④ むかつかないで

3 다음 단어의 뜻과 가장 비슷한 단어를 고르세요.

1 トラブルを乗り越える。
　① 乗る　　　② 諦める　　③ 超える　　④ 克服する

2 ご提案はありがたいですが、今回はお断りします。
　① 受け入れない　② 受け入れる　③ 受け止める　④ 受ける

3 大企業に雇ってもらいました。
　① 雇用して　② 解雇して　③ 首にして　④ 働いて

DAY 14　어휘체크　동사 ②

261　削る
깎다, 삭감하다
予算を削る。

262　抱える
껴안다, 책임지다, 떠안다
悩みを一人で抱えることが多いです。

263　詰まる
꽉 차다, 막히다
洗面台が詰まってしまった。
CHECK!　詰める 채우다

264　押さえる
꾹 누르다, 파악하다
相手の言いたいことをよく押さえて反論するのが、弁護士の仕事です。

265　割り込む
끼어들다
運転する時、急に割り込むと危ないよ。

266　さげる
치우다
空いたお皿、おさげいたします。

267　驚く
놀라다
赤ちゃんを驚かせないでよ。

268　迫る
다가오다, 육박하다
締め切りが迫っている。

269 異なる

다르다

アジアといっても、日本と中国と韓国の文化はすべて異なる。

270 見直す

다시 보다, 재검토하다

その発言で、彼のことを見直すようになった。

271 争う

다투다, 경쟁하다

1位を争う。

272 尽きる

다하다, 진력하다

力が尽きるまで、頑張ろう。

273 閉める

닫다

今日は個人事情により、店を早く閉めます。

CHECK! 閉じる 닫다, 눈을 감다

274 達する

달하다

彼の日本語の実力は、もうネイティブのレベルに達した。

275 足す

더하다

1足す1は2です。

CHECK! 加える 더하다

276 省く

덜다

手間を省く。

277	逃^にげる	도망가다 犯人に逃げられた。
278	伴^{ともな}う	동반하다 強い風を伴った台風が近づいている。
279	戻^{もど}す	되돌리다 それ、元の場所に戻しておいて。
280	取^とり戻^{もど}す	되찾다 絶対、奪われたものを取り戻す。

문제유형 맛보기

問題2　＿＿＿の言葉を漢字で書くとき、最もよいものを1・2・3・4から一つ選びなさい。

[1]　運が<u>つきて</u>しまった。

1　突きて　　　2　付きて　　　3　尽きて　　　4　着きて

1 다음 단어의 한자 표기와 발음을 연결하고 뜻을 써 보세요.

1. 驚く・　　　　　　　　・① おどろく　　　[　　　　　]
2. 迫る・　　　　　　　　・② にげる　　　　[　　　　　]
3. 逃げる・　　　　　　　・③ せまる　　　　[　　　　　]
4. 省く・　　　　　　　　・④ つきる　　　　[　　　　　]
5. 尽きる・　　　　　　　・⑤ はぶく　　　　[　　　　　]

2 다음 괄호 안에 들어갈 것으로 가장 어울리는 단어를 고르세요.

1. 今度また帰宅(きたく)が遅くなったら、お小遣いを(　　　)から！
   ① 削る　　　② 減る　　　③ 剝く　　　④ 増える

2. 締め切りの日が(　　　)というのに、何もやっていない。
   ① 迫っている　② 来た　　　③ 近づけた　　④ 近かった

3. (　　　)だめだよ。順番を待ちましょう。
   ① 割っちゃ　② 割り込んじゃ　③ 割り合っちゃ　④ 割り引きしちゃ

3 다음 단어의 뜻과 가장 비슷한 단어를 고르세요.

1. あなたと私は、考え方が<u>異なる</u>。
   ① 同じだ　　② 一緒だ　　③ 違う　　　④ 間違う

2. 1位をめぐって<u>争う</u>。
   ① けんかする　② 競う　　　③ 戦う　　　④ 戦争する

3. この資料、内容が合っているかどうか<u>見直して</u>。
   ① 終わりにする　② 検討する　③ 発表する　④ 修正する

DAY 15 　어휘체크　동사 ③

281　叩く
때리다, 두드리다
先生のオフィスのドアを叩いてからしばらく待った。
CHECK! 殴る 주먹으로 때리다

282　恐れる
두려워하다
失敗を恐れるな。何度も繰り返すのだ。

283　振り向く
뒤돌아보다
過去を振り向かない。前へ進むだけです。

284　劣る
뒤떨어지다
経験は確かにあなたに劣るかもしれませんが、やる気は負けてないと思います。

285　効く
듣다, 효과가 있다
薬が効いて、やっと頭痛が治まった。

286　従う
따르다
あなたに従います。

287　立ち去る
떠나다, 물러가다
彼はいつの間にか立ち去っていた。

288　思いつく
떠오르다
いいことでも思いついた？
CHECK! 思い出す 떠올리다

289 離(はな)れる
떨어지다, 따로 떼어지다

赤ちゃんから離(はな)れがたい気持ちを抑(おさ)えて、会社へ向かった。

290 外(はず)す
떼다, 떼어내다, 벗기다

ラップを外(はず)して、レンジでチンしてください。

291 優(すぐ)れる
뛰어나다, 우수하다

それが、彼の優(すぐ)れたところです。

292 浮(う)く
뜨다

体は水より軽いので、浮(う)くようになっています。

293 引(ひ)き止(と)める
만류하다, 말리다

佐藤さんが帰ろうとするのを引(ひ)き止めた。

CHECK! 止(と)める 말리다

294 乾(かわ)かす
말리다, 건조시키다

今、髪の毛を乾(かわ)かしているよ。

295 当(あ)てる
맞히다, 당첨하다, 대다, 얹다

くじ引きを当(あ)てる。

CHECK! 当(あ)たる 맞추다, 당첨되다

296 立(た)ち止(ど)まる
멈춰 서다

立(た)ち止(ど)まっていたとしても、ここで終わりじゃないよ。

297 面する
면하다
このホテルは、港に面していて景色がとてもきれいだ。

298 目指す
목표하다
東京大学を目指して、一生懸命勉強しています。

299 尋ねる
묻다, 질문하다
それでは、ベテラン俳優である松木さんにお尋ねします。
CHECK! 聞く 묻다, 질문하다

300 望む
바라다, 소망하다
もっとサービスが良くなることを望んでいます。

📝 문제유형 맛보기

問題3（　　）に入れるのに最もよいものを、1・2・3・4から一つ選びなさい。

[1] （　　）菓子を包んだ紙を外している。

1　和　　　　2　西　　　　3　東　　　　4　風

1 다음 단어의 한자 표기와 발음을 연결하고 뜻을 써 보세요.

① 浮く ・　　　　　・ ① のぞむ　　　[　　　　]
② 望む ・　　　　　・ ② うく　　　　[　　　　]
③ 劣る ・　　　　　・ ③ おとる　　　[　　　　]
④ 当てる ・　　　　・ ④ おもいつく　[　　　　]
⑤ 思いつく ・　　　・ ⑤ あてる　　　[　　　　]

2 다음 괄호 안에 들어갈 것으로 가장 어울리는 단어를 고르세요.

① 誰かに呼ばれたので、後ろを(　　　)。
　① 身についた　② 振り向いた　③ 振った　④ 降り帰った

② 係員(かかりいん)の指示に(　　　)、作業を進んでください。
　① 従って　② 沿って　③ つれて　④ よって

③ この薬は風邪に(　　　)。
　① 聞く　② 効く　③ 聴く　④ 訊く

3 다음 단어의 뜻과 가장 비슷한 단어를 고르세요.

① 彼は優れた言語能力を持っている。
　① 劣っている　② 普通の　③ 優秀な　④ 平均の

② お母さんから離れちゃだめだよ。
　① 近くなっては　② 反対にいては　③ じっと見ては　④ 遠くなっては

③ その件について、安田さんに尋ねることにした。
　① 調べる　② 話す　③ 聞いてみる　④ 見つめる

DAY 16　어휘체크　동사 ④

301　眺める　　　바라보다
水島さんは、窓の外を眺めていた。
CHECK!　見つめる 바라보다

302　生じる　　　발생하다
その問題をそのまま放っておくと、絶対大きな問題が生じるよ。
CHECK!　発生する 발생하다

303　訪れる　　　방문하다
冬には、多くの人がスキーをするために長野を訪れる。
CHECK!　訪ねる 방문하다, 찾아오다

304　恵む　　　베풀다
私の学校は私立で、いわゆる「恵まれた環境」の子が多い。

305　補う　　　보충하다
今日こそ早く寝て、足りない睡眠を補わないと。

306　つぶす　　　부수다, 망치다, 손상시키다
空き缶をつぶす。
CHECK!　時間をつぶす 시간을 죽이다

307　打ち消す　　　부정하다, 지우다
あの議員は、噂を打ち消すかのように無口で通り過ぎた。

308　呼び止める　　　불러서 멈춰 세우다
「そこの君！」と、先生に呼び止められた。

309 見合わせる
비교하다, 대조하다
原本を見合わせてみる。
CHECK! 실행을 미루다, 보류하다라는 의미도 있어요.

310 欠かす
빠뜨리다, 결여하다
韓国料理に、にんにくは欠かせないものだ。

311 謝る
사과하다
友達に先に謝る息子の姿に、成長を感じた。
CHECK! 誤る 잘못하다, 틀리다

312 買い占める
사재기하다
地震が起きるかもしれないと言われてから、人々はマートでラーメンなどを買い占め始めた。

313 略す
생략하다
「秋葉原」は、略して「秋葉」とも呼ぶ。
CHECK! 省略する 생략하다

314 述べる
서술하다
この論文では、この作品について述べています。

315 混ざる
섞이다
酒に水が混ざる。

316 ささやく
속삭이다
子どもが私の耳元でこっそりささやいた。

317	騙す（だま す）	속이다 人を騙すことは、絶対してはいけません。
318	属する（ぞく する）	속하다 本日から、第2課に属することになりました、杉下（すぎした）です。
319	隠す（かく す）	숨기다 私に何か隠（かく）してることない？ **CHECK!** 隠（かく）れる 숨다
320	冷める（さ める）	식다 ご飯が冷めないうちに食べてね。

문제유형 맛보기

問題4（　　）に入れるのに最もよいものを、1・2・3・4から一つ選びなさい。

1　あんなに好きだったのに、なぜか今はすっかり（　　　）。

1　冷えた　　　2　冷やした　　　3　冷ました　　　4　冷めた

1 다음 단어의 한자 표기와 발음을 연결하고 뜻을 써 보세요.

1 見合わせる ・　　　　　・ ① おとずれる　　　　[　　　　　]
2 属する ・　　　　　　　・ ② ぞくする　　　　　　[　　　　　]
3 補う ・　　　　　　　　・ ③ めぐむ　　　　　　　[　　　　　]
4 恵む ・　　　　　　　　・ ④ みあわせる　　　　　[　　　　　]
5 訪れる ・　　　　　　　・ ⑤ おぎなう　　　　　　[　　　　　]

2 다음 괄호 안에 들어갈 것으로 가장 어울리는 단어를 고르세요.

1 ジャムに砂糖(さとう)は(　　　)材料です。
　① 欠かす　　　② 欠かせる　　　③ 欠かした　　　④ 欠かせない

2 ミスをしたら、(　　　)話してね。
　① 隠れず　　　② 隠ぺいず　　　③ 隠さず　　　　④ 隠せず

3 約束時間までちょっと余裕があるな。どこで時間を(　　　)かな。
　① つぶそう　　② 贈ろう　　　　③ 送ろう　　　　④ 経とう

3 다음 단어의 뜻과 가장 비슷한 단어를 고르세요.

1 そんなに人の顔を<u>眺める</u>のは失礼でしょ。
　① 見(み)るのは　② 見合(みあ)わせるのは　③ 見(み)たのは　④ 見(み)つめるのは

2 先生が私を<u>呼び止めた</u>。
　① 通り過ぎた　② 呼ばなかった　　　　　③ 呼んだ　　　　④ 見つめた

3 工事による騒音が話し声を<u>打ち消した</u>。
　① 消した　　　② 書き直した　　　　　　③ 消された　　　④ 削った

DAY 17　어휘체크　동사 ⑤

321 積む

쌓다
ブロックを積む。
CHECK! 積み上げる 쌓아 올리다

322 痛む

아프다, 괴롭다
胸が痛むような別れ。
CHECK! 傷む 상처 입다, 상하다

323 焦る

안달하다, 초조하게 굴다
そんなに焦らないで。もっとゆっくりと考えて。

324 譲る

양보하다
お年寄りに席を譲らない人が増えている。

325 散らかる

어지러지다
部屋の中が散らかっていた。もしかしてこれ泥棒？！

326 散らかす

어지럽히다
部屋の中を散らかしてはいけないよ。

327 抑える

억제하다, 누르다
痛みを抑えて笑顔を作ってみせる。

328 得る

얻다
その会社の株を売ったことで、大きな利益を得た。

329 凍る
얼다
今日は本当に寒いね。家の中なのに凍りそうだよ。

330 果たす
완수하다, 다하다
責任を果たす。

331 保つ
유지하다
せめて2週間は保つことができるだろう。

332 甘やかす
응석을 받아주다
子どもを甘やかしすぎるといけないよ。
CHECK! 甘える 어리광부리다

333 叶う
이루어지다
チャンスをつかめば、夢は叶う。

334 至る
이르다, 도달하다
散々ひどい目に合って、今に至る。

335 慣れる
익숙해지다
一人で食べるご飯にも慣れたよ、でもちょっと寂しいな。

336 導く
인도하다, 이끌다
子どもを正しい道へ導くことが大人の責任です。

337 仕上げる
일을 끝내다, 완성하다

やっと原稿を仕上げた。
CHECK! 仕上がる 완성되다・完成する 완성하다

338 務める
임무를 맡다

この会社でカスタマーセンターのチーム長として努めています、中島です。よろしくお願いいたします。

339 相次ぐ
잇따르다

最近、どこの企業でもリストラが相次いでる。

340 ふざける
장난치다, 농담하다

彼女がちょっと悲しそうだったから、ふざけてみせた。

문제유형 맛보기

問題5 ＿＿＿の言葉に意味が最も近いものを、1・2・3・4から一つ選びなさい。

1 やっと作業を仕上げることができた。

1　完成できた　　2　完了できた　　3　仕上げられなかった　4　完璧だった

1 다음 단어의 한자 표기와 발음을 연결하고 뜻을 써 보세요.

1 得る ・　　　　　　・ ① える　　　　　[　　　　　]

2 散らかす ・　　　　・ ② あまやかす　　[　　　　　]

3 果たす ・　　　　　・ ③ はたす　　　　[　　　　　]

4 保つ ・　　　　　　・ ④ ちらかす　　　[　　　　　]

5 甘やかす ・　　　　・ ⑤ たもつ　　　　[　　　　　]

2 다음 괄호 안에 들어갈 것으로 가장 어울리는 단어를 고르세요.

1 まだ締め切りまで時間あるのに、どうしてそんなに(　　　)の？
　① 焦げている　　② 焦がしている　　③ 焦っている　　④ 焦らず

2 私の娘は、ブロックを(　　　)ことが大好きだ。
　① 積む　　　　② 崩す　　　　③ 外す　　　　④ 詰める

3 着られなくなった服を妹に(　　　)。
　① 揺れた　　　② 謙譲した　　③ 譲った　　　④ 譲れた

3 다음 단어의 뜻과 가장 비슷한 단어를 고르세요.

1 部屋を<u>散らかして</u>はいけない。
　① きれいにしては　② 汚くしては　③ 散らからなくては　④ 掃除しなくては

2 あの子のことを考えると、胸が<u>痛む</u>。
　① 痛い　　② 痛くない　　③ 調子が悪い　　④ だるい

3 この地域はとても寒くて、川も<u>凍って</u>しまう。
　① 溶けて　　② 溶かして　　③ 水になって　　④ 氷になって

DAY 18 어휘체크 동사 ⑥

341 計る
재다, 헤아리다
話してもいいタイミングを計っている。

342 ついている
재수가 좋다
今日、なんかついているね！

343 暮れる
저물다
日が暮れ始めたから、そろそろ帰ろうか。

344 占める
점유하다, 차지하다
全体から「やや大きい」という答えが占めている割合は？

345 折り畳む
접어 개다
この傘、デザインもかわいいし、折り畳むと小さくなって持ちやすくて好きだよ。

346 触れる
접촉하다, 다루다
展示品には手を触れないでください。
CHECK! 触る 만지다

347 除く
제거하다, 빼다, 제외하다
お問い合わせは、休日・祝日を除く平日に受け付けております。

348 躓く
좌절하다, 채여 넘어지다
今歩いているこの道で、一度も躓かない人はいない。

349 与える
주다, 수여하다
会社の極秘フォルダーにアクセスできる権限をジョンさんに与えた。

350 備える
준비하다, 대비하다, 갖추다
明日の日本語能力試験に備えて、もう1度教科書を読んでみた。

351 減る
줄다
人口が減り続けている。
CHECK! 減らす 줄이다

352 縮む
줄어들다, 오그라들다
間違って洗濯しちゃって、お気に入りのセーターが縮んでしまった。

353 拾う
줍다
高校時代、川でゴミを拾うボランティア活動をしたことがある。

354 握る
쥐다, 잡다
父は車のハンドルを握ると、人が変わる。

355 負う
지다, 짊어지다
責任を負って、社長は辞任した。

356 敗れる
지다, 패배하다
あの候補者は、選挙で敗れてしまった。
CHECK! 負ける 지다

357 長引く
ながびく
지연되다, 오래 끌다
会議が長引いて、終わったらもう2時間も経っていた。

358 差し支える
さしつかえる
지장이 있다
手をけがしたことで仕事に差し支える。

359 守る
まもる
지키다
地球を守りましょう、動物を守りましょう。

360 支える
ささえる
지탱하다, 지지하다
親は、子どもを支えるためにいるものです。

문제유형 맛보기

問題6 次の言葉の使い方として最もよいものを、1・2・3・4から一つ選びなさい。

1 与える

1 金閣寺の前で写真を与える。
2 勉強がよくできた人に優秀賞を与える。
3 誕生日に友達からプレゼントを与える。
4 手を与えて歩いてみましょう。

1 다음 단어의 한자 표기와 발음을 연결하고 뜻을 써 보세요.

1. 差し支える ・　　　・ ① つまづく　　　[　　　　]
2. 躓く ・　　　　　　・ ② しめる　　　　[　　　　]
3. 占める ・　　　　　・ ③ やぶれる　　　[　　　　]
4. 敗れる ・　　　　　・ ④ へる　　　　　[　　　　]
5. 減る ・　　　　　　・ ⑤ さしつかえる　[　　　　]

2 다음 괄호 안에 들어갈 것으로 가장 어울리는 단어를 고르세요.

1. 今日は、遅刻もしなかったし、上司に褒められたし、(　　)ね。
   ① よくある　　② ついている　　③ つく　　④ つらい

2. 選挙に(　　)理由は何だと思いますか？
   ① 敗れた　　② 勝つ　　③ 破れる　　④ 雇う

3. ウール洗濯しなかったせいで、セーターが全部(　　)んじゃないの！
   ① 縮めた　　② 縮んだ　　③ 縮ませた　　④ 縮がある

3 다음 단어의 쓰임이 가장 어울리는 것을 고르세요.

1. 守る
   ① 子どもの権利を守る会。
   ② 頑張ったけど、試合で守っちゃった。
   ③ 私に守って。
   ④ 私の手を守って、踊りましょう。

2. 拾う
   ① 道にゴミを拾ってはいけません。
   ② カラオケでいっぱい拾った。
   ③ 携帯電話を拾ったら、交番まで来てください。
   ④ 会議が拾うことはよくあることです。

DAY 19　어휘체크　동사 ⑦

361　飽きる
질리다
このポップコーン、食べすぎて飽きちゃった。

362　取り上げる
집어 들다, 문제 삼다
今回は、その問題を取り上げて話してみましょう。

363　落ち着く
차분해지다, 안정되다
落ち着いて、何があったか説明してみて。

364　招く
초대하다
童話の世界に皆さんを招く、デズニワールドへようこそ！
CHECK!　招待する 초대하다・誘う 권유하다, 초대하다

365　祝う
축하하다
N2に合格したら、ユイ先生が祝ってくれた。
CHECK!　お祝い 축하

366　取り扱う
취급하다
私たちは、高級な果物だけ取り扱っています。

367　仕舞う
치우다, 넣다, 끝내다
岡本さんは、読んでいた本をカバンの中に仕舞った。

368　偏る
치우치다
お肉ばかり食べていると、栄養バランスが偏るからだめだよ。

369 濁る
にご

탁하게 되다, 흐려지다

水に黒の絵の具を入れたら濁った。

370 通じる
つう

통하다, 연결되다

日本で英語は通じますか？

CHECK! 通す 통과하게 하다 · 通る 통과하다, 지나가다

371 掘る
ほ

파다, 구멍을 뚫다

昔の城は、周りに穴を掘って小さな川を作っていました。

372 含む
ふく

포함하다

ビタミンCを多く含む食べ物には何があるの？

CHECK! 含める 포함하다 · 含まれる 포함되다

373 解く
と

(문제를) 풀다

この問題は解きにくい。

374 抱く
いだ

품다

夢を胸に抱き、進め少年よ！

CHECK! 抱える 껴안다, 싸매다

375 避ける
さ

피하다

満員電車を避けるように、いつも朝5時に出発する。

376 腹を立てる
はら た

화를 내다

彼は、そのとんでもない事実に腹を立てた。

CHECK! 腹立つ 화가 나다 · 腹が立つ 화가 나다

377	悔やむ	후회하다
		努力せず、あとで悔やむことだけは絶対嫌だ。

378	乱れる	흐트러지다
		最近忙しくて、生活リズムが乱れている。

379	励む	힘쓰다
		日本語の勉強に励む。

380	揺らす	흔들다
		ブランコを揺らす。
		CHECK! 揺れる 흔들리다

문제유형 맛보기

問題1 ＿＿＿の言葉の読み方として最もよいものを、1・2・3・4から一つ選びなさい。

__1__ この曲は、何回聞いても飽きない。

1　あきない　　　2　わきない　　　3　やきない　　　4　たきない

1 다음 단어의 한자 표기와 발음을 연결하고 뜻을 써 보세요.

1 励む ・　　　　　　　　　・ ① しまう　　　　　[　　　　　　]

2 招く ・　　　　　　　　　・ ② つうじる　　　　[　　　　　　]

3 濁る ・　　　　　　　　　・ ③ まねく　　　　　[　　　　　　]

4 通じる ・　　　　　　　　・ ④ にごる　　　　　[　　　　　　]

5 仕舞う ・　　　　　　　　・ ⑤ はげむ　　　　　[　　　　　　]

2 다음 괄호 안에 들어갈 것으로 가장 어울리는 단어를 고르세요.

1 うち店は、国内産(こくないさん)の豚肉(ぶたにく)だけ(　　　)います。

　① 取り扱って　　② 取って　　③ 食べて　　④ 作って

2 一度(　　　)生活リズムを取(と)り戻(もど)すことは難しい。

　① 見慣れた　　② 乱した　　③ 乱れた　　④ 見合わせた

3 またあの人はその問題を(　　　)話している。もう終わった話なのに。

　① 取り上げて　　② 取って　　③ 上げて　　④ 取り付けて

3 다음 단어의 쓰임이 가장 어울리는 것을 고르세요.

1 通じる

　① 彼女と私は話が通じる。

　② 雨の日にトンネルを通じるのは危ない。

　③ 飯久保(いいくぼ)さんは、この道を通じました。

　④ 上田(うえだ)さんは私を通じてくれた。

2 避ける

　① 壁(かべ)にポスターを避ける。

　② 美奈(みな)ちゃんは、私にチョコレートを避けた。

　③ 怪しい人がいるから、この道を避けていこう。

　④ このジュース、全部避けてね。

DAY 20　어휘체크　형용사 ①

381　ありがたい
감사하다
そうしてくれるととてもありがたいです。

382　荒い
거칠다
彼は言葉遣いが荒い。

383　ものすごい
굉장하다, 대단하다
その博物館の展示会は、ものすごく良かった。

384　みっともない
꼴사납다, 한심하다
そんなことで泣くなんて、みっともない！

385　鋭い
날카롭다, 예리하다
鋭いもので箱を切らないでください。

386　湿っぽい
눅눅하다
お菓子の袋をちゃんと閉めなくて、湿っぽくなった。

387　目覚ましい
눈부시다, 놀랍다
彼女の目覚ましい成長に、会社のみんなが驚いた。

388　鈍い
느리다, 더디다
前の車が鈍すぎてイライラする。
CHECK! 遅い 느리다, 시간이 늦다

389	逞しい _{たくま}	늠름하다, 씩씩하다 彼の逞しい姿に、みんな感心した。
390	息苦しい _{いきぐる}	답답하다 タイトな服を着ると息苦しい。
391	汚い _{きたな}	더럽다 食べ方が汚いのは、直した方がいいです。
392	鈍い _{にぶ}	둔하다, 굼뜨다 彼は、ちょっと鈍いところがある。
393	珍しい _{めずら}	드물다, 진귀하다 あんたが私に電話するなんて、珍しいね。
394	思いがけない _{おも}	뜻밖이다 思いもがけない幸運が来た。
395	心強い _{こころづよ}	마음이 든든하다 あんたがいてくれて、本当に心強い。
396	乏しい _{とぼ}	모자라다, 결핍하다 この国は、自然資源に乏しい一方、人的資源は豊富だ。

| 397 | 重_{おも}たい | 묵직하다 |

397 **重たい** 묵직하다
その事実は、私には重たい。
CHECK! 重い 무겁다

398 **ぬるい** 미지근하다
洗顔する時は、ぬるいお湯でした方がいいですよ。

399 **憎い** 밉다
誰かを憎いと思うのは、自分のためにもよくないから、やめましょう。

400 **煩わしい** 번거롭다, 귀찮다, 성가시다
雨の日は、出かけるのが煩わしくて嫌だ。

문제유형 맛보기

問題2　＿＿＿の言葉を漢字で書くとき、最もよいものを1・2・3・4から一つ選びなさい。

1　人間関係が<u>わずらわしい</u>と思う時、誰でもありますよね。

1　紛らわしい　　2　朗らわしい　　3　煩らわしい　　4　面倒らわしい

1 다음 단어의 한자 표기와 발음을 연결하고 뜻을 써 보세요.

1️⃣ 鈍い ・　　　　　　　・ ① のろい　　　　[　　　　　]

2️⃣ 湿っぽい ・　　　　　・ ② あらい　　　　[　　　　　]

3️⃣ 荒い ・　　　　　　　・ ③ しめっぽい　　[　　　　　]

4️⃣ 憎い ・　　　　　　　・ ④ にくい　　　　[　　　　　]

5️⃣ 重たい ・　　　　　　・ ⑤ おもたい　　　[　　　　　]

2 다음 괄호 안에 들어갈 것으로 가장 어울리는 단어를 고르세요.

1️⃣ 息子の(　　　)成長に、私たち夫婦は感激した。
　① 煩わしい　　② 紛らわしい　　③ ややこしい　　④ 目覚ましい

2️⃣ (　　　)プレゼントに、私は嬉しさのあまり涙が出てしまった。
　① 意外の　　② 思いがけない　　③ 珍しい　　④ 驚きの

3️⃣ あなたが私のそばにいてくれて、私はとても心(　　　)。
　① 強い　　② 弱い　　③ 遠い　　④ 近い

3 다음 단어의 뜻과 가장 비슷한 단어를 고르세요.

1️⃣ この部屋は狭すぎて、<u>息苦しい</u>。
　① 呼吸しやすい　　② 呼吸しにくい　　③ すっきりする　　④ さっぱりする

2️⃣ このお茶、<u>ぬるくなった</u>から捨ててくれる？
　① 熱くなったから　　② 冷めてきたから　　③ 沸騰してきたから　　④ おいしくないから

3️⃣ <u>鋭い</u>ご意見、ありがとうございました。
　① 適切な　　② 曖昧な　　③ 意味が分からない　　④ おもしろい

DAY 21　어휘체크　형용사 ②

401　柔(やわ)らかい
부드럽다
この布団(ふとん)は、柔(やわ)らかくて温かいです。
CHECK!　ソフトだ 소프트하다, 부드럽다

402　わざとらしい
부자연스럽다, 고의인 것 같다
あの人、どこかわざとらしくない?

403　物足(ものた)りない
부족하다
食後(しょくご)に物足(ものた)りなくてお菓子を食べた。

404　輝(かがや)かしい
빛나다, 훌륭하다
輝(かがや)かしい成果を出した選手たちに熱(あつ)い拍手を送りましょう。

405　厚(あつ)かましい
뻔뻔하다
そんなことをしておいて、また話しかけるなんて、厚(あつ)かましいね。
CHECK!　図々(ずうずう)しい 뻔뻔하다

406　快(こころよ)い
상쾌하다, 기분 좋다, 흔쾌하다
先生は、大学院(だいがくいん)に出す書類に快(こころよ)くサインしてくれた。

407　尊(とうと)い
소중하다, 귀중하다
人の命(いのち)ほど尊(とうと)いものはない。

408　騒々(そうぞう)しい
시끄럽다, 떠들썩하다
渋谷(しぶや)は騒々(そうぞう)しい街(まち)です。
CHECK!　騒(さわ)がしい 시끄럽다, 떠들썩하다, 분주하다

409 涼しい

시원하다

この部屋は涼しいね。

410 甚だしい

심하다, 대단하다

それは甚だしい偏見です。

411 慌ただしい

어수선하다, 분주하다

引っ越しの日は、朝から慌ただしい。

412 相応しい

어울리다, 알맞다

リーダーに相応しい人を、大統領として選びたいです。

CHECK! 似合う 어울리다

413 危うい

위태롭다

危ういところを助けてくださり、ありがとうございます。

CHECK! 危ない 위험하다

414 くどい

장황하다, 끈덕지다

くどいほど上司に怒られた。

CHECK! しつこい 집요하다, 끈질기다

415 注意深い

주의 깊다

彼女は何事にも注意深くて、慎重だ。

416 眠たい

졸리다

上杉さんは、眠たい目をして無理やり起きているように見える。

417	濃い	진하다
		ちょっとこのスープ、味濃くない？
418	ずるい	치사하다, 교활하다
		自分だけ先生に褒められて、ずるいよ！
419	だらしない	칠칠치 못하다
		だらしない性格を直した方がいいかな。
420	力強い	힘차다, 마음 든든하다
		サポーターたちは、選手たちを力強い声で応援した。

📝 문제유형 맛보기

問題3（　）に入れるのに最もよいものを、1・2・3・4から一つ選びなさい。

1　金城さんはとても注意（　　　）性格だ。

1　浅い　　2　淡い　　3　弱い　　4　深い

1 다음 단어의 한자 표기와 발음을 연결하고 뜻을 써 보세요.

1 柔らかい ・　　　　・ ① ちからづよい　　[　　　　　]

2 相応しい ・　　　　・ ② とうとい　　　　[　　　　　]

3 厚かましい ・　　　・ ③ やわらかい　　　[　　　　　]

4 力強い ・　　　　　・ ④ あつかましい　　[　　　　　]

5 尊い ・　　　　　　・ ⑤ ふさわしい　　　[　　　　　]

2 다음 괄호 안에 들어갈 것으로 가장 어울리는 단어를 고르세요.

1 歯が痛い時は、豆腐など(　　)ものを食べた方がいいです。
　① 固い　　　② 柔らかい　　③ 危い　　　④ 粉々の

2 台風の影響で、風と雨が(　　)。
　① 目覚ましい　② 輝かしい　　③ 甚だしい　　④ くたらない

3 あの人のジェスチャーはどこか(　　)、自然じゃない。
　① わざとらしくて　② 自然で　　③ きれいで　　④ 図々しくて

3 다음 단어의 뜻과 가장 비슷한 단어를 고르세요.

1 この音楽はとても<u>騒々しい</u>。
　① うるさい　② 静かだ　　③ 好きだ　　④ 大人しい

2 そんな<u>厚かましい</u>発言、取り消してください。
　① 正直な　　② すさまじい　③ 図々しい　④ やかましい

3 時と場合によって、<u>相応しい</u>服装をしなければなりません。
　① 適切な　　② 合う　　　③ 似合わない　④ 似ている

DAY 22 　어휘체크　형용사 ③

421　身近だ
가까이 두다, 관계가 깊다
携帯電話は、もう身近なものとなった。

422　哀れだ
가련하다, 불쌍하다
あの哀れな犬が出てくる物語、覚えてる？

423　格別だ
각별하다
先生が格別だと思う学生はいますか？

424　大げさだ
과장되다, 허풍떨다
ちょっとそれは大げさだよ。そこまでじゃないんだから。

425　平気だ
괜찮다
これくらい、平気だよ。
CHECK! 大丈夫だ 괜찮다

426　貴重だ
귀중하다
貴重なお時間をいただき、本当にありがとうございます。

427　極端だ
극단적이다
極端な話、本当にチームがなくなるかもしれないよ。

428　わずかだ
근소하다
わずかな差で勝った。本当に最後まで安心できなかった。

429	奇妙(きみょう)だ	기묘하다
		その話は、ちょっと奇妙(きみょう)だね。
		CHECK! 不思議だ 신비하다, 이상하다

430	乱暴(らんぼう)だ	난폭하다
		乱暴(らんぼう)なふるまいはやめなさい。

431	冷静(れいせい)だ	냉정하다
		人間関係を冷静(れいせい)に見直(みなお)す必要がある。

432	くたくただ	녹초가 되다, 흐물흐물하다
		今日は仕事が多くて、くたくただ。

433	幸(さいわ)いだ	다행이다
		幸(さいわ)いなことに、レポートは通(とお)ったらしいよ。
		CHECK! よかった 다행이다

434	おおまかだ	대범하다, 후하다, 대충대충이다
		伊原(いはら)さんは、ちょっとおおまかなところがある。

435	大幅(おおはば)だ	대폭이다
		店の売り上げが大幅(おおはば)に下がったけど、どうしてかな。

436	独特(どくとく)だ	독특하다
		このカフェは、独特(どくとく)なインテリアで人気がある。

437 稀だ
드물다
あの子は、稀に見る天才だ。
CHECK! 珍しい 드물다

438 ルーズだ
루즈하다
小林さんは時間にルーズだ。

439 リアルだ
리얼하다, 현실적이다
その映画、リアルすぎてちょっと怖かったね。

440 無口だ
말이 없다
美咲は、無口で大人しい。

📝 문제유형 맛보기

問題4（　　）に入れるのに最もよいものを、1・2・3・4から一つ選びなさい。

1 （　　）な差で負けた。惜しい！

1　わずか　　　2　稀に　　　3　珍しく　　　4　意外と

1 다음 단어의 한자 표기와 발음을 연결하고 뜻을 써 보세요.

1 無口だ ・　　　　　　　・ ① むくちだ　　　　[　　　　　　　]

2 幸いだ ・　　　　　　　・ ② さいわいだ　　　[　　　　　　　]

3 身近だ ・　　　　　　　・ ③ みぢかだ　　　　[　　　　　　　]

4 大幅だ ・　　　　　　　・ ④ おおはばだ　　　[　　　　　　　]

5 貴重だ ・　　　　　　　・ ⑤ きちょうだ　　　[　　　　　　　]

2 다음 괄호 안에 들어갈 것으로 가장 어울리는 단어를 고르세요.

1 今日は仕事が多くて(　　　　)。
　① 独特だ　　　② おおまかだ　　　③ 疲れだ　　　④ くたくただ

2 何事も(　　　　)に考えなければならない。
　① 暑く　　　② 厚く　　　③ 冷静に　　　④ しつこく

3 (　　　　)にある出来事です。
　① 稀　　　② たまに　　　③ 時々　　　④ 幸い

3 다음 단어의 뜻과 가장 비슷한 단어를 고르세요.

1 あの人は時間にルーズだ。
　① きつい　　　② 厳しい　　　③ だらしない　　　④ うるさい

2 独特な雰囲気があるね。
　① 平凡な　　　② 普通の　　　③ 奇妙な　　　④ 特別な

3 田中さんは無口で大人しい。
　① おおまかで　　　② 大げさで　　　③ 静かで　　　④ リアルで

DAY 23 어휘체크 형용사 ④

441 小柄だ
몸집이 작다
あの歌手は、小柄なのにとてもパワフルな声量を持っている。

442 妙だ
묘하다
今、ちょっと二人の間に妙な間があった。

443 いい加減だ
무책임하다, 뜨뜻미지근하다
いい加減な態度を取るな。

444 迷惑だ
민폐이다
いや、そんなこと送ったって迷惑になるだけだよ。

445 密接だ
밀접하다
この国の自然環境と人間社会の間には、密接な関係がある。

446 気軽だ
부담없다
質問がありましたら、いつでも気軽に聞いてください。

447 不自由だ
부자유스럽다
彼は体が不自由なのにもかかわらず、スケート選手として輝かしく活躍している。

448 不平だ
불평하다, 불만스럽게 생각하다
そんなに不平ばかり言わないで、自分で動いたら？

449	悲惨だ	비참하다

悲惨な時代だと言われているけど、必ず希望はあるから。

| 450 | ささやかだ | 사소하다, 자그마하다 |

ささやかな物ですが、どうぞ。

CHECK! 細かい 세세하다

| 451 | 贅沢だ | 사치스럽다, 호화롭다, 분에 넘치다 |

贅沢な生活を送るのが夢です。

| 452 | 爽やかだ | 산뜻하다, 상쾌하다 |

加藤くんの笑顔はとても爽やかだ。

| 453 | にこやかだ | 생글생글 웃다, 기뻐하다 |

彼女はなんだかいいことでもあったかのように、にこやかな顔をしている。

| 454 | 鮮やかだ | 선명하다 |

今でも子どもの頃の記憶は鮮やかに残っている。

| 455 | 盛大だ | 성대하다 |

盛大なパーティーを開こう。

| 456 | 手軽だ | 손쉽다 |

ネットがあれば、手軽に注文できるよ。

457 不器用だ
ぶきよう

손재주가 없다, 서투르다

私は、本当に何も作ることができない、不器用な人です。

CHECK! 器用だ 손재주가 있다, 재주있다

458 率直だ
そっちょく

솔직하다

率直に言うと、彼はリーダーには相応しくないと思う。

459 素直だ
すなお

솔직하다, 숨김없다

今なら、素直に伝えられると思います。

460 垂直だ
すいちょく

수직적이다

垂直に線を引く。

문제유형 맛보기

問題5 ＿＿＿の言葉に意味が最も近いものを、1・2・3・4から一つ選びなさい。

1 この国は、毎年盛大な夏祭りをする。

1　大規模の　　　2　小柄の　　　3　やや小さい　　　4　みっともない

1 다음 단어의 한자 표기와 발음을 연결하고 뜻을 써 보세요.

① 妙だ ・　　　　　　　　・ ① みょうだ　　[　　　　]
② 不自由だ ・　　　　　　・ ② ふじゆうだ　[　　　　]
③ 悲惨だ ・　　　　　　　・ ③ ひさんだ　　[　　　　]
④ 密接だ ・　　　　　　　・ ④ みっせつだ　[　　　　]
⑤ 贅沢だ ・　　　　　　　・ ⑤ ぜいたくだ　[　　　　]

2 다음 괄호 안에 들어갈 것으로 가장 어울리는 단어를 고르세요.

① 安藤(あんどう)先生？ああ、あの、背が低くて、(　　)な人ね。
　① 大柄　　② 家柄　　③ 手柄　　④ 小柄

② 私は(　　)で、編(あ)み物(もの)もよくできないです。
　① 不器用　　② 器用　　③ 手抜き　　④ 雑

③ 彼は(　　)な人だ。
　① ささやか　　② 垂直　　③ 密接　　④ いい加減

3 다음 단어의 뜻과 가장 비슷한 단어를 고르세요.

① 新しいケータイが買いたいとか、そんな贅沢なこと言わないで。
　① 適当な　　② 質素な　　③ お金を無駄(むだ)に使う　　④ 節約できる

② 何か質問がございましたら、気軽にご連絡ください。
　① 遠慮なく　　② 無理やり　　③ わざと　　④ 重く

③ では、垂直に線を引いてみてください。
　① まっすぐに　　② すぐに　　③ 自由に　　④ 丸く

DAY 24　어휘체크　형용사 ⑤

461　順調だ
순조롭다
作業は順調に進んでいる。
CHECK!　スムーズだ 스무스하다・円滑だ 원활하다

462　スムーズだ
스무스하다, 원활하다, 순조롭다
何もかもスムーズに進んでいる。
CHECK!　順調だ 순조롭다・円滑だ 원활하다

463　慎重だ
신중하다
何事も慎重に考えて決めなければならない。

464　余計だ
쓸데없다
余計なことは言わないで。

465　無駄だ
쓸모없다, 보람없다, 헛되다
無駄な時間を過ごさないように、いつも気をつけています。

466　手頃だ
알맞다, 적당하다
手頃な値段で、カメラが買えた。
CHECK!　ちょうどいい 적당하다

467　曖昧だ
애매하다
曖昧な言葉より、態度で示してよ。
CHECK!　はっきりしない 확실히 하지 않다

468　強引だ
억지로 하다, 무리하게 하다
手越くんは、ちょっと強引な性格だ。

469 でたらめだ

엉터리이다

こんなでたらめな資料じゃ、仕事ができないよ。

CHECK! 無茶苦茶だ 엉망진창이다

470 永久だ

영구하다

この本は、近代の歴史がわかるので永久に保存するべきだ。

CHECK! 永遠だ 영원하다

471 温暖だ

온난하다

この国は年中温暖な気候だ。

472 穏やかだ

온화하다, 평온하다

普段は穏やかな増田くんだが、怒ると一番怖い。

473 頑丈だ

옹골차다

この家は、小さいけど頑丈に建てられた。

CHECK! 丈夫だ 튼튼하다

474 優秀だ

우수하다

彼女は、優秀で才能のある社員だ。

CHECK! 優れる 뛰어나다, 우수하다

475 有利だ

유리하다

英語の資格を取ると、この会社の入社に有利だ。

476 柔軟だ

유연하다

子どもは体が柔軟でうらやましいね。

CHECK! 柔軟剤 (섬유)유연제

477	幼稚だ ようち	유치하다 幼稚なけんかはやめて。
478	愉快だ ゆかい	유쾌하다 大学時代は、愉快な仲間と楽しく遊んだりしたものだ。
479	有効だ ゆうこう	유효하다 このクーポンは有効期限が切れている。
480	不審だ ふしん	의심스럽다 不審な人がうろうろしている。 **CHECK!** 怪しい 수상하다

문제유형 맛보기

問題6 次の言葉の使い方として最もよいものを、1・2・3・4から一つ選びなさい。

[1] 順調だ

1 仕事は順調です。
2 順調な値段でカメラが買えた。
3 アトラクションには、順調を待って乗りましょう。
4 彼はどても順調な性格の人だ。

1 다음 단어의 한자 표기와 발음을 연결하고 뜻을 써 보세요.

1 永久だ ・　　　　　・ ① ごういんだ　　　[　　　　　]
2 強引だ ・　　　　　・ ② えいきゅうだ　　[　　　　　]
3 柔軟だ ・　　　　　・ ③ じゅうなんだ　　[　　　　　]
4 幼稚だ ・　　　　　・ ④ ふしんだ　　　　[　　　　　]
5 不審だ ・　　　　　・ ⑤ ようちだ　　　　[　　　　　]

2 다음 괄호 안에 들어갈 것으로 가장 어울리는 단어를 고르세요.

1 このワンピースは、デザインもかわいいし、値段も(　　　)だったよ。
　① 手頃　　　　② 手越　　　　③ 手間　　　　④ 手抜

2 資格を取っておくと、就職に(　　　)だ。
　① 不利　　　　② 有利　　　　③ 勝利　　　　④ 修理

3 このポイントカードは、2年間(　　　)です。
　① 有効　　　　② 無効　　　　③ 特効　　　　④ 実効

3 다음 단어의 뜻과 가장 비슷한 단어를 고르세요.

1 <u>慎重</u>に考えて決めなさい。
　① すぐ動いて　② よく考えて　③ 遠慮して　　④ 悩んで

2 <u>無駄</u>なお金を使ってしまった。
　① 節約する　　② 要らない　　③ 贅沢な　　　④ 少しだけ

3 最近、この周りに<u>不審</u>な人がうろうろしているらしいよ。気をつけてね。
　① 変な　　　　② 不思議な　　③ おかしい　　④ 怪しい

DAY 25 　어휘체크　형용사 ⑥

481 変だ
이상하다
変なことばかり言わないでよ。
CHECK!　怪しい 이상하다, 수상하다・おかしい 이상하다

482 不慣れだ
익숙하지 않다
この町に引っ越してきたばかりで、まだ不慣れです。
CHECK!　慣れていない 익숙치 않다・見慣れない 익숙하지 않다

483 細やかだ
자세하다, 세심하다
細やかな説明、ありがとうございました。
CHECK!　詳しい 자세하다, 상세하다

484 適度だ
적당하다
適度な温度になると、火を止めてください。

485 わがままだ
제멋대로이다, 버릇없다
わがままな性格は、直した方がいいです。

486 抽象的だ
추상적이다
この絵は、抽象的ですね。何を意味しているのでしょう。

487 妥当だ
타당하다
彼が委員長になるのが妥当だと思います。
CHECK!　適切だ 적절하다, 적당하다・適する 알맞다, 적당하다, 적합하다

488 透明だ
투명하다
この魚は、体が透明です。
CHECK!　透き通る 비쳐 보이다, 투명하다

489 健やかだ
튼튼하다, 건전하다, 건강하다
健やかに育ってね。
CHECK! 元気だ 기운차다, 건강하다・健全だ 건전하다

490 平凡だ
평범하다
平凡な毎日に、感謝しましょう。
CHECK! 特別だ 특별하다

491 豊富だ
풍부하다
この国は、資源が豊富だ。
CHECK! 豊かだ 풍부하다, 풍요롭다

492 豊かだ
풍부하다, 풍요롭다
私の地元は、自然豊かな街です。
CHECK! 豊富だ 풍부하다

493 必死だ
필사적이다
この大学に入るために、必死で勉強した。

494 賢明だ
현명하다
先生の賢明な判断をお待ちしております。

495 好調だ
호조이다
今月は売り上げも好調なので、給料が上がるかもしれない!

496 華やかだ
화려하다
華やかなステージに立つことができ、大変うれしく思っております。

497 活発(かっぱつ)だ
활발하다
会議では、活発(かっぱつ)な意見交換(いけんこうかん)が行われた。
CHECK! 活気(かっき)だ 활기차다

498 画期的(かっきてき)だ
획기적이다
この携帯電話は、最初発売(さいしょはつばい)された時、画期的(かっきてき)なことで有名になりました。

499 見事(みごと)だ
훌륭하다, 멋지다
見事(みごと)に優勝(ゆうしょう)しました！

500 微(かす)かだ
희미하다, 미약하다, 어렴풋하다
微(かす)かに、向こうに島が見えてきた。

문제유형 맛보기

問題1 ＿＿＿の言葉の読み方として最もよいものを、1・2・3・4から一つ選びなさい。

1 自然豊(しぜん)かな街で生まれ育ちました。

1 うたかな　　2 ゆだかな　　3 ゆたかな　　4 ゆたがな

1 다음 단어의 한자 표기와 발음을 연결하고 뜻을 써 보세요.

1. 変だ ・　　　　　　　・ ① かすかだ　　　　[　　　　　]
2. 適度だ ・　　　　　　・ ② みごとだ　　　　　[　　　　　]
3. 抽象的だ ・　　　　　・ ③ へんだ　　　　　　[　　　　　]
4. 見事だ ・　　　　　　・ ④ てきどだ　　　　　[　　　　　]
5. 微かだ ・　　　　　　・ ⑤ ちゅうしょうてきだ [　　　　　]

2 다음 괄호 안에 들어갈 것으로 가장 어울리는 단어를 고르세요.

1. (　　)な材料で作った特選(とくせん)シチューです。
   ① 豊　　　② 豊富　　　③ 大した　　　④ 適度

2. 彼女は(　　)な性格だ。
   ① 活発　　　② 贅沢　　　③ 適度　　　④ 必死

3. 彼のアイデアは(　　)だった。
   ① 抽象的(ちゅうしょうてき)　② 経済的(けいざいてき)　③ 計画的(けいかくてき)　④ 画期的(かっきてき)

3 다음 단어의 뜻과 가장 비슷한 단어를 고르세요.

1. わがままな子供には育てたくないです。
   ① 勝手な　　② やさしい　　③ 積極的な　　④ 消極的な

2. 華やかな人生を過ごしたいです。
   ① 健やかな　② 平凡な　　　③ 派手な　　　④ 地味な

3. 見事に成功しました。
   ① 素晴らしく　② みっともなく　③ 地味に　　④ 華やかに

DAY 26　어휘체크　접속사, 부사, 확장표현 ①

501　めったに
거의, 좀처럼
これは、めったにない機会だ。

502　ほぼ
거의, 대부분, 대강, 대개
会議の準備は、ほぼできました。
CHECK!　ほとんど 거의

503　やっと
겨우, 가까스로, 간신히
やっと会議が終わった。長かったな～！

504　直ちに
곧, 즉각
「総理は直ちにやめるべき」と、議員たちは声を上げた。
CHECK!　すぐ(に) 곧

505　つくづく
곰곰이, 절실히, 지그시
彼は、何が原因で失敗したのかつくづく考えた。
CHECK!　よくよく 곰곰이・しみじみ 절실히・じっと 뚫어지게, 지그시

506　あいにく
공교롭게도
あいにく、今日は財布を忘れてきちゃったの。ごめん。

507　思い切って
과감히
思い切ってグアムへのチケットを取った。
お金はなくなったけど、楽しみでしょうがない。

508　さすが
과연
また売り上げ1位になるなんて、さすが有岡くんだね。

509 大(たい)して
그다지, 별로
まぁ、距離はちょっとあるかもしれないけど、大(たい)して遠くはないから大丈夫だよ。

510 まさに
그야말로
まさにその通りです。

511 ごく
극히, 대단히
ごく稀(まれ)に起きる問題ですので、気にしないでください。

512 かさかさ
꺼칠꺼칠, 바삭바삭
冬場は乾燥(かんそう)して肌(はだ)がかさかさになっちゃう。

513 いい加減(かげん)
꽤, 상당히, 슬슬, 적당히, 어지간히
いい加減(かげん)、お化粧(けしょう)済ましたら？もう出る時間だよ。
CHECK!　そろそろ 슬슬・いい加減にする 적당히 하다, 어지간히 하다

514 後(のち)ほど
나중에
では、後(のち)ほどご連絡いたします。
CHECK!　後で 나중에

515 さっぱり
산뜻한 모양, 담백한 모양, 남김없이, 깨끗이, 전혀
この問題、解(と)き方(かた)がさっぱりわからない。
CHECK!　全然 전혀・全く 전혀

516 ごちゃごちゃ
너저분함, 엉망임
忙しすぎて、頭の中がごちゃごちゃだ。

517 ぐったり

녹초가 된 모양

今日忙しすぎて、もうぐったりだよ。

518 絶(た)えず

늘, 끊임없이

絶えず弊社(へいしゃ)を愛してくださるお客様(きゃくさま)に、感謝の気持ちを込めてイベントを開(ひら)きたいと思います。

519 単(たん)なる

단순한, 단지

いや、単なる大学院生(だいがくいんせい)にすぎませんよ。

CHECK!　ただの 단지

520 当分(とうぶん)

당분간

当分(とうぶん)、身(み)を潜(ひそ)めて、時を待とうか。

CHECK!　しばらく 잠시, 당분간

문제유형 맛보기

問題2　＿＿の言葉を漢字で書くとき、最もよいものを1・2・3・4から一つ選びなさい。

1　これは、たんなる小説にすぎません。

1　段なる　　2　単なる　　3　残なる　　4　番なる

1 다음 단어의 한자 표기와 발음을 연결하고 뜻을 써 보세요.

① 直ちに ・　　　　　・ ① ただちに　　[　　　　]
② 思い切って ・　　　・ ② いいかげん　　[　　　　]
③ いい加減 ・　　　　・ ③ たえず　　　　[　　　　]
④ 絶えず ・　　　　　・ ④ のちほど　　　[　　　　]
⑤ 後ほど ・　　　　　・ ⑤ おもいきって　[　　　　]

2 다음 괄호 안에 들어갈 것으로 가장 어울리는 단어를 고르세요.

① 資料作成作業は、(　　　)終わりました。
　① めったに　　② 全く　　③ ほぼ　　④ 全然

② それでは、(　　　)ほどご連絡させていただきます。
　① 後(のち)　　② 後(あと)　　③ 前(まえ)　　④ 先(さき)

③ 成功することがどれほど難しいことか、(　　　)感じたのだ。
　① つくづく　　② しみしみ　　③ しっかり　　④ 直ちに

3 다음 단어의 뜻과 가장 비슷한 단어를 고르세요.

① いやいや、僕は単なる歴史(れきし)好きの会社員なだけだから。
　① ただの　　② それほどの　　③ ある程度の　　④ まあまあの

② 店を開いたが、さっぱり客(きゃく)が来ない。
　① たまたま　　② 偶然　　③ 全然　　④ 先に

③ 体調が悪くて仕事休んだからね。当分、残業は無理だろう。
　① しばらく　　② すぐに　　③ 今にも　　④ これから

DAY 27 | 어휘체크 | 접속사, 부사, 확장표현 ②

521 一通(ひととお)り

대강, 얼추, 대충

一通(ひととお)り、急ぎの仕事は終わった気がする。

CHECK! 大体(だいたい) 대체로

522 おおむね

대체로, 대개, 대강

転職(てんしょく)した会社は、おおむね良好(りょうこう)です。

CHECK! 大体(だいたい) 대체로・一通(ひととお)り 대강, 얼추, 대충

523 大幅(おおはば)

대폭

大幅(おおはば)に値下げしました。

524 更(さら)に

더욱더, 다시, 거듭

あなたの英語力は、留学に行ってから更(さら)に上達したね。

CHECK! もっと 더더욱・조금도, 도무지라는 뜻도 있어요.

525 かえって

도리어, 오히려, 반대로

かえって気を使わせちゃったね。

CHECK! むしろ 오히려・逆に 반대로, 오히려・反対に 반대로

526 再(ふたた)び

두 번, 재차, 다시

再(ふたた)び、こんなことが起きないように、これからみんな気をつけましょう。

527 わくわく

(신이 나서) 두근두근

明日から日本旅行なんて、わくわくして眠れないの。

CHECK! どきどき (긴장해서) 두근두근

528 いよいよ

드디어, 결국

いよいよ最後の講義(こうぎ)ですね。みなさん、お疲れさまでした。

CHECK! ようやく 결국, 드디어・やっと 드디어, 겨우・とうとう 드디어

529　きっぱり　　딱 잘라, 단호히
社長は、その提案をきっぱりと断った。

530　いわば　　말하자면
これは、いわば「通信機器」というものだ。
CHECK!　いわゆる 소위

531　非常に　　매우
彼は、非常に感動したように見えた。
CHECK!　とても 매우

532　自ら　　몸소, 스스로
環境のために、自らできることから始めましょう。

533　つい　　무심코
聞いてないふりをしていたが、つい笑ってしまった。

534　予め　　미리, 사전에
何か変更がありましたら、予めご連絡ください。
CHECK!　前もって 사전에

535　じたばた　　바동바동
今更じたばたしてももう遅いよ。

536　くれぐれも　　부디, 아무쪼록
くれぐれも、皆様のご協力をお願いいたします。

537	ぐんぐん	부쩍부쩍
		成長期の息子は背がぐんぐん大きくなっている。
538	きっと	분명, 반드시
		頑張れば、きっといいことあるよ。
		CHECK! 必ず 반드시
539	わりと	비교적
		いや、わりと簡単に終わったよ。
540	比較的(ひかくてき)	비교적
		比較的簡単な仕事だった。

문제유형 맛보기

問題3 （　　）に入れるのに最もよいものを、1・2・3・4から一つ選びなさい。

1　（　　）通り、荷造りが終わったから、今はちょっと休もうかな。

1　一　　　2　諸　　　3　全　　　4　完

1 다음 단어의 한자 표기와 발음을 연결하고 뜻을 써 보세요.

1 一通り ・　　　　　　・ ① ひととおり　　　[　　　　　]
2 更に　 ・　　　　　　・ ② おおはば　　　　[　　　　　]
3 大幅　 ・　　　　　　・ ③ さらに　　　　　[　　　　　]
4 自ら　 ・　　　　　　・ ④ みずから　　　　[　　　　　]
5 予め　 ・　　　　　　・ ⑤ あらかじめ　　　[　　　　　]

2 다음 괄호 안에 들어갈 것으로 가장 어울리는 단어를 고르세요.

1 どうしよう。私、彼のことが(　　　)に好きになっちゃった。
　① 更　　　　② なお　　　　③ もっと　　　　④ 最も

2 日本に来ることがある場合は、(　　　)ご連絡いたします。
　① 予め　　　② 改めて　　　③ おおむね　　　④ くれぐれも

3 (　　　)すぐ終わったから大丈夫だよ。
　① わりと　　② じたばた　　③ つい　　　　　④ じろじろ

3 다음 단어의 쓰임이 가장 어울리는 것을 고르세요.

1 わくわく
　① 子どもがわくわく泣いている。
　② わくわく見ないで、仕事して。
　③ 学校が終わったら、わくわくしないで早く帰ってね。
　④ 明日はまた何が起こるか、わくわくする。

2 きっぱり
　① きっぱりいいことがあるわよ。
　② きっぱりして。大人だから。
　③ お仕事の提案(ていあん)、きっぱり断られちゃった。
　④ 早く家に帰って、きっぱり寝たい。

DAY 28　어휘체크　접속사, 부사, 확장표현 ③

541　じろじろ

빤히, 유심히, 뚫어지게

何そんなにじろじろ見ているの？

CHECK!　じっと 빤히, 물끄러미

542　すっきり

산뜻하다, 완전하다, 말끔하다

やっとたまっていた仕事を全部片づけた！すっきりした。

543　相当(そうとう)

상당히

これは相当(そうとう)難しかったな。

CHECK!　結構(けっこう) 꽤

544　改(あらた)めて

새롭게 다시, 새삼스럽게

では、改(あらた)めてご紹介いたします。

545　ひそひそ

소곤소곤

人の前でひそひそしないで。

546　実(じつ)に

실로

実(じつ)に、素晴(すば)らしい兄弟(きょうだい)の物語でした。

547　おそらく

아마, 어쩌면

おそらく、会社のシステムでできると思います。

CHECK!　たぶん 아마

548　いずれ

아무래도, 어쨌든, 결국, 얼마 안 있어

いずれ、この雨もあがるだろう。

CHECK!　雨があがる 비가 그치다, 날이 개다

549 いかに

아무리

いかに頑張っても、限界を感じてしまうことはあるよね。

550 どうしても

아무리 해도, 무슨 일이 있어도, 꼭

このブロマイドが、どうしても欲しかったんです。

551 やや

약간, 얼마쯤, 좀

「やや難しい」と答えた人は、38%でした。

552 あくまで(も)

어디까지나

あくまで、これはサンプルですから。

553 いかにも

어떻게든, 아무리 생각해도, 자못, 과연, 확실히

いかにも日本人らしい顔つき。

554 ぼんやり

어렴풋이, 멍하니

ぼんやりと空を眺めた。

CHECK! ぼーっと 멍하니

555 どうせ

어차피

どうせ、私にはできないものなんだ。

556 なにしろ

어쨌든, 여하튼, 아무튼

評判はなにしろ、映画は面白かったよ。

CHECK! とにかく 어쨌든

557 あちこち

여기저기

世界のあちこちで活躍している素晴らしい人たち。

558 依然として

여전히

依然として暑い日々が続いている。

559 依然

여전히

台風は依然、南方に位置している。

560 むしろ

오히려

むしろ、諦めた方が、楽になることもある。

문제유형 맛보기

問題4（　　）に入れるのに最もよいものを、1・2・3・4から一つ選びなさい。

1　　私はただ、（　　　）空を眺めていた。

1　ぼんやり　　　2　じろじろ　　　3　相当　　　4　改めて

1 다음 단어의 발음과 뜻을 연결해 보세요.

1 じろじろ ・　　　　　　・ ① 산뜻하다, 완전하다, 말끔하다

2 すっきり ・　　　　　　・ ② 소곤소곤

3 ひそひそ ・　　　　　　・ ③ 빤히, 유심히, 뚫어지게

4 おそらく ・　　　　　　・ ④ 아무리 해도, 무슨 일이 있어도, 꼭

5 どうしても ・　　　　　　・ ⑤ 아마, 어쩌면

2 다음 괄호 안에 들어갈 것으로 가장 어울리는 단어를 고르세요.

1 この仕事、簡単そうだったけど、(　　　)難しかったね。
　① おそらく　　② いずれ　　③ いかに　　④ 相当

2 世界の(　　　)を旅行するのが夢です。
　① あちこち　　② そちあち　　③ あちどち　　④ どちそち

3 (　　　)、料理はおいしかったから、いいでしょう。
　① どうせ　　② いずれ　　③ いかにも　　④ なにしろ

3 다음 단어의 쓰임이 가장 어울리는 것을 고르세요.

1 実に
　① 実に素晴らしい若者(わかもの)だ。
　② 実に、あなたに言えなかったことがあります。
　③ 実に、大学に行くと決めたのです。
　④ 実に、明日は学校に行けないかな。

2 ひそひそ
　① 彼女はひそひそ泣いていた。
　② 父は、疲れたのか、ひそひそした顔で寝ていた。
　③ あの二人、何かひそひそ話してるね。
　④ はい、ひそひそ食(た)べなさい。

DAY 29 　어휘체크　접속사, 부사, 확장표현 ④

561 いわゆる

이른바, 소위

彼はいわゆる「イクメン」なんですね。

562 とりあえず

일단

とりあえず、責めるのはやめて、解決策を考えよう。

563 一旦(いったん)

일단

一旦、終わったところを全部まとめてみよう。

564 一応(いちおう)

일단

一応、今日までにしなければならない仕事は全部片付けました。

565 かつて

일찍이, 전에, 예전부터

この城は、かつて幕府の将軍が住んでいたところです。

CHECK! 前(に) 전에・昔 옛날(에)

566 しょっちゅう

자주

大阪に引っ越してから、しょっちゅうたこ焼きを食べるようになった。

567 しばしば

자주, 여러 번, 종종, 누차

最近、しばしば雨が降ってるね。

568 たびたび

자주, 여러 번, 몇 번이고

たびたびお手数をかけてすみません。

569 せめて
적어도
せめて、1回だけでもいいから、試合に出たいです。

570 一向に
전혀
この薬、一向に効かないけど。

571 ますます
점점, 더욱더
ますます、少子化は進むだろう。
CHECK! どんどん 점점・だんだん 점점

572 即座に
즉석에서
彼女は即座に、きれいなネックレスを作ってみせた。

573 直に
직접적으로
人に頼まないで、直に渡してください。

574 こつこつ
차근차근, 꾸준히
こつこつと練習すれば、きっと上手になるわよ。

575 着々と
착착
イベントの準備は、着々と進んだ。

576 一層
한층
会社を一層発展させるためには、私たちの努力が欠かせない。

577	**だぶだぶ**	헐렁헐렁, 출렁출렁
		なんかこの制服、だぶだぶしてないー？
578	**たちまち**	홀연히, 곧, 금세, 갑자기
		努力家の君なら、たちまち、認められる日が来るだろう。
		CHECK! すぐ 곧, 금방
579	**はっきり**	확실히, 명확히
		言いたいことがあるなら、はっきり言ってよ。
580	**とっくに**	훨씬 전에, 벌써
		もう！それはとっくに気づいてたわよ！
		CHECK! もう 벌써・すでに 이미

📝 문제유형 맛보기

問題5 ＿＿＿の言葉に意味が最も近いものを、1・2・3・4から一つ選びなさい。

1 とっくに知っていました。

1 すでに　　　　2 まだ　　　　3 直に　　　　4 かつて

1 다음 단어의 발음과 뜻을 연결해 보세요.

① とりあえず ・　　　　　・ ① 일단

② いわゆる ・　　　　　・ ② 이른바, 소위

③ たびたび ・　　　　　・ ③ 점점, 더욱더

④ ますます ・　　　　　・ ④ 자주, 여러 번, 몇 번이고

⑤ こつこつ ・　　　　　・ ⑤ 차근차근, 꾸준히

2 다음 괄호 안에 들어갈 것으로 가장 어울리는 단어를 고르세요.

① どんなに仕事の量(りょう)が多くても、(　　)とやっていけば、いつか終わるはずだよ。

　① はっきり　　② しばしば　　③ こつこつ　　④ ますます

② 最近は、わざと(　　)した服を着(き)るのが流行(は や)ってるみたいだね。

　① しばしば　　② だぶだぶ　　③ たびたび　　④ たちまち

③ (　　)言って、そのピンはかわいくない。

　① しっかり　　② ぎっしり　　③ すっかり　　④ はっきり

3 다음 단어의 쓰임이 가장 어울리는 것을 고르세요.

① 一向に

　① みんな一向にこっちを見た。

　② 仕事が一向に終わっていない。

　③ 一向に行けば、郵便局が出ます。

　④ 子どもの教育には、一向にした方向が必要だ。

② かつて

　① かつて、ここは畑だった。

　② 大学生、かつて女性の人を探しています。

　③ いや、謝るのはかつて僕だ。

　④ かつて知っていたことです。

DAY 30 　어휘체크　접속사, 부사, 확장표현 ⑤

581　びっしょり
흠뻑 젖은 모양
雨に降られて、びっしょりになっちゃった。

582　精一杯（せいいっぱい）
힘껏, 최대한으로, 고작
精一杯の力を出すんだ。諦めないんだ！

583　その上（うえ）
게다가
有岡（ありおか）さんは頭がいい。その上、運動もできる。
CHECK!　それに 게다가

584　そういえば
그러고 보니
そういえば、昨日のことはどうなったの？

585　すると
그러자
すると、教室が突然（とつぜん）真（ま）っ暗（くら）になった。

586　さて
자, 그런데, 그래서
さて、本日は、どんなテーマで話してもらいましょうか。

587　とはいえ
그렇다고 하더라도
とはいえ、それが必ず正解とは言えない。

588　だからといって
그렇다고 해서
確かに彼のしたことはよくない。だからといって、非難（ひなん）するのはどうかと思う。

589	あるいは	또는
		多くの学生がタブレットPC、あるいはパソコンを使って語学を勉強している。
590	もしくは	또는, 혹은
		進むか、もしくはやめるか。
591	なお	또한
		こちらが資料です。なお、詳しい内容については私が説明します。
592	すなわち	즉
		日本の首都、すなわち東京のことです。
		CHECK! つまり 즉
593	～観	～관
		カップルにとって、結婚観の一致は重要なポイントです。
594	～順	～순
		イギリスの王を、年代順に並べよ。
595	～式	～식
		日本式のローマ字表記を知っていますか？
596	～下	～하(～아래)
		厳しい管理下で行われました。

597	高～ こう	고~ 高所得の人を対象に調査した。
598	異～ い	이~(다른~) 異文化研究をしています。
599	再～ さい	재~ このレポート、再提出してね。
600	主～ しゅ	주~ これの主成分は、アミノ酸です。

문제유형 맛보기

問題6 次の言葉の使い方として最もよいものを、1・2・3・4から一つ選びなさい。

[1] すなわち

1 今日は雨が降った。すなわち、道が込んだ。
2 消費が増えている。すなわち、経済が良くなっているということだ。
3 雪が降った。すなわち、電車が止まってしまった。
4 制服が変わった。すなわち、学生たちは誰もそれを歓迎しなかった。

1 다음 단어의 한자 표기와 발음을 연결하고 뜻을 써 보세요.

1 ~順 ・　　　　　・ ① ~かん　　　[　　　　　]

2 ~観 ・　　　　　・ ② い~　　　　[　　　　　]

3 異~ ・　　　　　・ ③ ~じゅん　　[　　　　　]

4 再~ ・　　　　　・ ④ さい~　　　[　　　　　]

5 主~ ・　　　　　・ ⑤ しゅ~　　　[　　　　　]

2 다음 괄호 안에 들어갈 것으로 가장 어울리는 단어를 고르세요.

1 日曜のテレビは(　　　)放送ばかりでつまらない。

① 各　　　② 生　　　③ 再　　　④ 異

2 (　　　)文化への理解を深める必要がある。

① 全　　　② 異　　　③ 和　　　④ 主

3 お互いの価値(　　　)を認めることが大事です。

① 観　　　② 順　　　③ 式　　　④ 制

3 다음 단어의 쓰임이 가장 어울리는 것을 고르세요.

1 びっしょり

① いきなりホースから水が出ちゃって、びっしょりになった。

② びっしょり眠ってしまった。

③ 宿題、びっしょり忘れていた。

④ 全部話したら、びっしょりした。

2 精一杯

① これで精一杯だよ。

② ね、お酒精一杯して帰ろうよ。

③ 今年は、精一杯誕生日プレゼントをもらいました。

④ 食べすぎてお腹が精いっぱいだ。

1일 1장으로 완벽 대비

JLPT N2
문법편

DAY 01 　문형체크

1　～あげく　~한 끝에

접속　동사 た형 + あげく
　　　명사 + の + あげく

散々悩んだあげく、私は大学に行かないことにしました。
口論のあげく、二人は殴り合いになりました。

> 🍊 보너스
> あげくの果てに
> 급기야

2　～一方だ　(오로지)~할 뿐이다, ~하기만 하다

접속　동사 사전형 + 一方だ

失業率は高くなる一方だ。
税金は上がる一方だ。

3　～上(で)　~할 때에, ~할 경우에

접속　동사 사전형 + 上(で)
　　　명사 + の + 上(で)

日本語を勉強する上で辞書は大事です。
テストを受ける上で注意するべきことをお知らせいたします。

> 🍊 보너스
> ～上で + の + 명사
> ~할 때의(~할 경우의) 명사

4　～上で(は)・上　~상으로(는), ~상

접속　명사 + の + 上で(は)
　　　명사 + 上

法律の上では問題ないことですが、実際とはまた違いますね。
あのアニメは、教育上、あまりよくない。

5　～上は　~한 이상(은)

접속　동사 사전형 / た형 + 上は

自分でこの仕事を選んだ上は、やめるわけにはいかない。
N2を受ける上は、絶対合格しなければならない。

問題1　次の文の（　　）に入れるのに最もよいものを、1・2・3・4から一つ選びなさい。

[1]　景気は、日々悪くなる（　　）だ。

1　一方で　　　　2　一方　　　　3　一方だ　　　　4　一方に

---

1 괄호 안에 들어갈 문법 표현으로 알맞은 것을 고르세요.

① 少子化のため、学校に入学する子どもの数は減っていく(　　)。
　① 一方だ　　　② 一方の　　　③ 一方で　　　④ 一方

② 散々歩いた(　　)、店が閉まっていて何も買えなかった。
　① あまり　　　② あげく　　　③ あいだ　　　④ おかげ

2 다음 문장을 알맞은 순서대로 배열하세요.

① ＿＿＿ ＿＿＿ ＿＿＿ ＿＿＿、しっかり準備しなければいけない。[④ - - -]
　① 留学すると　② 上は　　　　③ 決めた　　　④ 自分で

② ＿＿＿ ＿＿＿ ＿＿＿ ＿＿＿何がありますか？[② - - -]
　① 必要なものは　② 海外旅行に　③ 行く　　　　④ 上で

3 다음 빈칸에 들어갈 것으로 알맞은 것을 고르세요.

① 彼女はデパートで働いているが、サービス業という仕事(　　)、週末は休めない。
　① 上では　　　② 上に　　　　③ 上　　　　　④ 上は

② 面接を受ける(　　)、最も注意するべきことは何だと思いますか。
　① 上は　　　　② 上では　　　③ 上に　　　　④ 上で

DAY 02　문형체크

6　〜得る　~할 수 있다

접속　동사 ます형 + 得る

考え得るすべての方法を試してみようじゃないか。
そういうこともあり得るね。

7　〜おきに　~간격으로, ~걸러

접속　수량 명사 + おきに

このバスは、10分おきに来ます。
私は、1年おきに日本に行きます。

8　〜思い　~한 마음, ~한 느낌, ~한 심정

접속　동사 / い형용사 사전형 + 思い
　　　な형용사 어간 + な + 思い

そのせいで、とても嫌な思いをしたよ。
1点の差で負けたと知った時は、本当に悔しい思いをした。

9　〜かいがあって　~한 보람이 있어

접속　동사 사전형 / た형 + かいがあって
　　　명사 + の + かいがあって

受験勉強を頑張ったかいがあって、彼は東京大学に合格した。
結構待ったけど、待ったかいがあって、おいしい料理が食べられた。

10　〜欠かせない　~빠뜨릴 수 없다

접속　〜に、〜も、〜が 등의 조사 + 欠かせない

ショウガは、日本料理には欠かせない香辛料だ。
パソコンは、もう人間の生活に欠かせないものとなった。

🍊 **보너스**

〜得ない
~할 수 없다

⚠️ **주의!**
〜得る라고도 읽을 수 있어요.

⚠️ **주의!**
'1'이 들어간 수량 명사 앞에서는 '~걸러'로 해석해요.

📖 **같이 알아두기**

〜思える
~여겨지다, ~라고 생각되다

私には、彼が犯人のように思える。

〜思えない
~여겨지지 않다, ~라고 생각되지 않다

彼がそんなことをしたとは思えない。

🍊 **보너스**

동사 ます형 + がい
~한 보람

📖 **같이 알아두기**

〜欠かさず
거르지 않고, 빠뜨리지 않고

問題2　次の文の★に入る最もよいものを、1・2・3・4から一つ選びなさい。

1　水は、__ __ ★ __。

1　欠かせない　　　2　ものだ　　　3　人間が　　　4　生きていく上で

---

1 괄호 안에 들어갈 문법 표현으로 알맞은 것을 고르세요.

1 その件は、彼以外誰も知り(　　)情報だと思います。
　① かけの　　　② 得ない　　　③ 得る　　　④ 得の

2 せっかく来てくれたのに、こっちの準備不足(じゅんびぶそく)で嫌な(　　)をさせちゃって、本当にごめんね。
　① 思え　　　② 考え　　　③ 思う　　　④ 思い

2 다음 문장을 알맞은 순서대로 배열하세요.

1 この駅に__ __ __ __。[④ - - -]
　① 着く　　　② おきに　　　③ 3分　　　④ 特急電車は

2 __ __ __ __、ここの人気メニューが食べられた。[③ - - -]
　① 待った　　　② あって　　　③ 2時間も　　　④ かいが

3 다음 빈칸에 들어갈 것으로 알맞은 것을 고르세요.

1 もうすぐクリスマスだ。クリスマスには、やっぱりケーキが(　　)。
　① 欠かせない　　　② 欠かさない　　　③ 欠かさず　　　④ 欠かす

2 台風が来ることもあり(　　)から、そのための対策も工夫しておこう。
　① 得る　　　② 得ない　　　③ 得ず　　　④ 得だ

DAY 03　문형체크

11　〜限り(は)　~하는 한

접속　동사 사전형 / ている / ない형 + 限り(は)
　　　い형용사 사전형 / 부정형 + 限り(は)
　　　な형용사 어간 + な(である) + 限り(は)
　　　명사 + である + 限り(は)

ストライキが続く限り、経済は混乱するだろう。
大雨が降らない限りは、試合を行います。

12　〜かける　~하다 말다, ~할 뻔하다, ~하기 시작하다

접속　동사 ます형 + かける

冷蔵庫の中のネギ、腐りかけているよ。捨てといて。
息子は、宿題をしかけて、テレビばかり見ている。

13　〜がてら　~하는 김에, ~하는 겸해서

접속　명사 + がてら
　　　동사 ます형 + がてら

散歩がてら、本屋によった。
運動がてら、公園まで散歩してくる。

14　〜か〜ないかのうちに　~하자마자

접속　동사 사전형 / た형 + か + 동사 ない형 + かのうちに

駅を出るか出ないかのうちに雨が降り出した。
旦那は、ベッドに入るか入らないかのうちに眠ってしまった。

15　〜かと思ったら　~하나 싶더니 바로

접속　동사 た형 + かと思ったら

娘は、家に帰ったかと思ったら、すぐ出かけちゃった。
やっと止まっていた電車が動いたかと思ったら、
また止まっちゃった。

🍎 **보너스**

동사 사전형(가능형) + 限り
명사 + の + 限り

한계를 나타내는
표현으로도 사용할 수
있어요.

持てる限りの荷物を全部
持って、席を移動してくだ
さい。

📖 **같이 알아두기**

〜ない限り
~하지 않는 한

🍎 **보너스**

〜かけ
~하다 맘, ~할 뻔함,
~하기 시작함

〜かけの + 명사
~하다 만, ~할 뻔한,
~하기 시작한 명사

📖 **같이 알아두기**

〜をかねて
~을/를 겸해서, ~할 겸

🍎 **보너스**

〜かと思うと
격식체

問題3　次の文章を読んで、文章全体の内容を考えて、50から53の中に入る最もよいものを、1・2・3・4から一つ選びなさい。

世界には多くの香辛料（こうしんりょう）がある。50、東南（とうなん）アジアの料理に51ものは何だろうか。それは、パクチーというもので、私たち日本人には慣れていないものだが、東南（とうなん）アジアの人にはとても人気の香辛料（こうしんりょう）だ。僕も最初はどうしても食べられなかったが、今はとてもおいしく食べられる52なった。最初東南（とうなん）アジアに来た時はパクチーが入っているだけで53料理をそのまま残してしまったこともあったけれども、今ではまるで昔話（むかしばなし）のようだ。

50　1 その中で　2 この中で　3 その中に　4 あの中で
51　1 欠かさない　2 欠かさず　3 欠かせない　4 欠かせず
52　1 ことに　2 ように　3 みたいに　4 ようと
53　1 食べかけていた　2 食べ終わった　3 食べ残した　4 食べまくった

1 괄호 안에 들어갈 문법 표현으로 알맞은 것을 고르세요.

1 私が知っている(　　)、彼は転職していない。
① 限って　② 限り　③ ない限り　④ 限らず

2 スーパー？いいよ。散歩(　　)行ってくるよ。
① かたわら　② つもりで　③ がてら　④ かねて

2 다음 문장을 알맞은 순서대로 배열하세요.

1 お母さんは、花屋で___ ___ ___ ___。 [④ - - -]
① くせがある　② 花を　③ 買ってくる　④ 枯れかけている

2 ___ ___ ___、また泣き始めた。 [② - - -]
① かと思ったら　② 子どもは　③ 泣き止んだ　④ やっと

3 다음 빈칸에 들어갈 것으로 알맞은 것을 고르세요.

1 夫は疲れきったのか、ソファーに(　)か(　)かのうちに、眠ってしまった。
① 座る、座らない　② 寝る、寝ない　③ 立つ、立たない　④ 置く、置かない

2 運動(　　)、隣の町にあるドラッグストアまで行ってきたよ。
① つもりで　② がてら　③ かたわら　④ かねて

DAY 04  문형체크

16 〜かのようだ (마치)~인 듯하다

접속 동사 / 명사 / 형용사 보통형 + かのようだ

まだ4月なのに暑すぎる。まるでもう夏になったかのようだ。
斎藤さんは、何でも知っているかのように話すくせがある。

⚠️ **주의! (시제가 현재일 때)**
명사 + (である) + かのようだ
な형용사 어간 + である + かのようだ

🍊 **보너스**
〜かのように
(마치) ~인 것처럼

17 〜からいって ~으로 보아, ~으로 보건대

접속 명사 + からいって

現在の売り上げ状況からいって、新商品を出すことは少し見送った方がいいと思われます。
海辺に住んでいる私の経験からいって、海を見てもきれいだとは思わない。

🍊 **보너스**
〜からいうと > からいえば > からいって
격식체 > 구어체

18 〜からして ~부터가

접속 명사 + からして

私は、キノコが嫌い。その姿からして全部無理だ。
彼は、スタイルからしてモデルに向いている。

19 〜からすれば ~으로 보아

접속 명사 + からすれば

話し方からすれば、彼は関西の人のようだ。
彼の顔からすれば、N2に合格したようだ。

🍊 **보너스**
〜からすると
격식체

20 〜からといって ~라고 해서

접속 동사 / 명사 / 형용사 보통형 + からといって

大学に合格したからといって、遊んでばかりいてはいけないよ。
子どもだからといって、何をしても許されるのではない。

⚠️ **주의! (시제가 현재일 때)**
명사 / な형용사 어간 + だ + からといって

📖 **같이 알아두기**
だからといって
그렇다고 해서(접속사)

問題1　次の文の（　　）に入れるのに最もよいものを、1・2・3・4から一つ選びなさい。

1　母は、誰かを待っている（　　）窓の外を見ている。

1　かのような　　　2　かのように　　　3　かのような　　　4　かのようだ

---

1 괄호 안에 들어갈 문법 표현으로 알맞은 것을 고르세요.

1　今日は寒すぎて、まるで冷凍庫に(　　)。
① いるかのようだ　② いるかのような　③ いるかのように　④ いるかのようで

2　あのラーメンは、見た目(　　)辛そうですね。
① からって　② からして　③ からいって　④ からといって

2 다음 문장을 알맞은 순서대로 배열하세요.

1　__ __ __ __、今日はデートだと思います。[① - - -]
① 彼女の　② から　③ 服装　④ すれば

2　__ __ __ __、勉強しなくてもいいわけではないよ。[③ - - -]
① からと　② いって　③ テストが　④ 終わった

3 다음 빈칸에 들어갈 것으로 알맞은 것을 고르세요.

1　確かに、彼の言うことは正しくはなかった。(　　)、彼がバカにされてもいいってわけではないよ。
① だからといって　② だから　③ なので　④ なのに

2　娘は、テレビに(　　)、テレビのすぐ前でアニメを見ている。
① 入るかのように　② 入るように　③ 入るみたいに　④ 入れるかのように

133

DAY 05 문형체크

21 ～からには ~할 바에는, ~이상에는

접속 동사 / 명사 / 형용사 보통형 + からには

約束したからには、それを守らなければならない。
日本に行くからには、基本的な日本語はマスターできるように頑張りたい。

⚠️ **주의! (시제가 현재일 때)**
명사 / な형용사 어간
+ である + からには

22 ～気味(ぎみ) ~기운이 있음, ~경향임

접속 동사 ます형 + 気味
　　　명사 + 気味

風邪気味の夜は、何も食べずに寝込んじゃった。
目黒くん、最近ちょっと疲れ気味だったから、今日は早く帰らせました。

23 ～きりだ ~한 채이다

접속 동사 た형 + きりだ

草摩さんとは、3年前に1回会ったきりです。
ピアノなんか、10年前に少し習ったきりだよ。

🍊 **보너스**
～きり
~한 이래로

3カ月前に連絡したきり、彼とは全然連絡を取っていない。

24 ～げに ~한 듯이

접속 동사 ます형 + げに
　　　형용사 어간 + げに

楽しげに遊んでいる子どもたちを見ると、癒されます。
ハンさんは、得意げに笑いながらN2の合格証を見せた。

⚠️ **주의!**
いい → よさげに
ない → なさげに

25 ～現在で ~현재

접속 동사 た형 + 現在で
　　　명사 + 現在で

登録者数は、8月1日現在で3,000名です。
この町の子どもの数は、6月現在で500人です。

問題2　次の文の★に入る最もよいものを、1・2・3・4から一つ選びなさい。

1　＿＿　★　＿＿　＿＿、諦めるわけにはいかない。

1　自分で　　　　2　決めた　　　　3　やると　　　　4　からには

---

1 괄호 안에 들어갈 문법 표현으로 알맞은 것을 고르세요.

1 この町の人口は、1月(　　　)600人です。
　　① 現在で　　　② 現状　　　③ 現在は　　　④ 現在に

2 加藤さんとは、去年の今頃に1回会った(　　　)です。
　　① 気味　　　② きり　　　③ まま　　　④ ばかり

2 다음 문장을 알맞은 순서대로 배열하세요.

1 最近、＿＿＿＿＿＿＿＿。[② - - -]
　　① 利用者数が　　② 図書館の　　③ 気味だ　　④ 減り

2 娘は、＿＿＿＿＿＿＿＿。[② - - -]
　　① 見つめた　　② 寂しげな　　③ 顔で　　④ 私と夫を

3 다음 빈칸에 들어갈 것으로 알맞은 것을 고르세요.

1 彼は、意味(　　　)笑った。
　　① ありげ　　② ありげに　　③ ありげな　　④ ありげで

2 自分で一人暮らしをすると決めた(　　　)、しっかりしないと。
　　① からには　　② こそ　　③ からして　　④ からといって

DAY 06 문형체크

26 〜こそ〜が ~는 ~이지만
접속 명사 + こそ + 동사 / 형용사 보통형 / 〜です / 〜ます + が

彼は年こそ若いが、有能だ。
この人の本は、文章こそきれいだが、内容が浅い。

27 〜ことだから ~의 일이니까, ~이니까
접속 명사 + の + ことだから

あなたが好きになった人のことだから、きっと素敵な人に違いない。
いつも時間に厳しい彼女のことだから、今日も時間通りに来るはずだ。

28 〜ことなく ~하지 않고
접속 동사 사전형 + ことなく

犯人は、抗うことなく逮捕された。
失敗を恐れることなく、チャレンジしてみるのだ。

29 〜ことに ~하게도
접속 동사 た형 + ことに
  い형용사 사전형 + ことに
  な형용사 어간 + な + ことに

幸いなことに、まだ物が残っていた。
大変なことに、システムが止まってしまった。

30 〜ことは(も)ない ~할 필요는(도) 없다
접속 동사 사전형 + ことは(も)ない

わざわざあなたが行くことはない。
いちいち教えることもない。

問題3　次の文章を読んで、文章全体の内容を考えて、50 から 53 の中に入る最もよいものを、1・2・3・4から一つ選びなさい。

私は昔から、日本に住んでみたかったです。50 大学時代に交換留学（こうかんりゅうがく）を申し込みましたが、51 交換留学には落ちてしまいました。でも私はそれに 52 日本語の勉強に励（はげ）みました。その結果、日本の企業に就職し、今は日本で仕事をしています。だから皆さん、今自分がやりたいことができなかったとして、53 。頑張れば必ずチャンスが来るんですよ。

50	1 そして	2 しかし	3 それで	4 だけど
51	1 悲しいことに	2 嬉しいことに	3 おもしろいことに	4 楽しいことに
52	1 落ち込まない	2 落ち込むことなく	3 落ち込んだが	4 落ち込んだけど
53	1 落ち込むことがないです		2 落ち込んだことがないです	
	3 落ち込むことはないです		4 落ち込んだりすることもあります	

1　괄호 안에 들어갈 문법 표현으로 알맞은 것을 고르세요.

1　頭がいい彼の(　　　)、今回のテストもいい点数だったはずだ。

　① ものだから　　② ことで　　③ ことから　　④ ことだから

2　残念な(　　　)、彼は病気で結婚式に出席できませんでした。

　① ことに　　② ことが　　③ ことの　　④ ことか

2　다음 문장을 알맞은 순서대로 배열하세요.

1　いいよ。僕がミスしただけだから、__ __ __ __。[① - - -]

　① あなたが　　② 僕に　　③ 謝る　　④ ことはない

2　__ __ __ __、今回のことも、絶対許してくれるはずだ。[③ - - -]

　① 父の　　② 優しい　　③ 孫に　　④ ことだから

3　다음 빈칸에 들어갈 것으로 알맞은 것을 고르세요.

1　もう、逃げ道はないよ。そのまま、抗（あらが）う(　　　)出てきて。

　① ことなく　　② ずに　　③ ないで　　④ ことないで

2　このホテルは部屋(　　　)狭い(　　　)、とても心地いい。

　① こそ、が　　② は、こそ　　③ こそ、のに　　④ こそ、のだ

DAY 07　문형체크

31　〜ざるを得ない　~하지 않을 수 없다

접속　동사 ない형 + ざるを得ない

ケガのせいで、選手を辞めざるを得なかった。
同じミスをまたしたなんて、注意不足だとしか言わざるを得ない。

⚠️ **주의!**
する + ざるを得ない
→ せざるを得ない

32　〜次第　~하는 대로

접속　동사 ます형 + 次第

それでは、確認が終わり次第連絡させていただきます。
部長が戻り次第、折り返しお電話いたします。

33　次第に〜　점차로~

접속　次第に + 문장
　　　문장 + 次第に + 문장

次第に、病気がよくなっていった。
料理教室に通ったら、次第に料理の腕が上がった。

34　〜次第だ　1. ~에 달려 있다, ~나름이다　2. ~인 것이다

접속　1. 명사 + 次第だ

受験に成功するかどうかは、君次第だ。
遠足に行けるかどうかは、天気次第です。

2. 동사 보통형 + 次第だ

先日お送りした資料に誤りがあり、
改めてご連絡させていただいた次第です。
卒業しましたので、国に帰る次第です。

35　〜次第では　~에 따라서는

접속　명사 + 次第では

明日の天気次第では、飛行機の運行が中止になりかねません。
検査の結果次第では、入院せざるを得ません。

 보너스
〜次第で
~따라서 (달라진다)

問題1　次の文の（　　）に入れるのに最もよいものを、1・2・3・4から一つ選びなさい。

1　これからの評価がどうなるかは、君（　　　）だ。

1　次第で　　　　2　次第では　　　　3　次第　　　　4　次第に

---

1 괄호 안에 들어갈 문법 표현으로 알맞은 것을 고르세요.

1 ミスしたから、嫌でも部長に報告(　　　)。
① すざるを得ない　② しざるを得ない　③ するざるを得ない　④ せざるを得ない

2 それでは、点検が終わり(　　　)、お知らせいたします。
① 次第　　② 次第は　　③ 次第で　　④ 次第に

2 다음 문장을 알맞은 순서대로 배열하세요.

1 ＿＿　＿＿　＿＿　＿＿、イベントは中止になるかもしれません。[－ － －]
① 明日の　　② 変わり　　③ 天気の　　④ 次第では

2 経済状況も＿＿　＿＿　＿＿　＿＿。[－ － －]
① だろうと　② 次第に　③ 思っている　④ よくなっていく

3 다음 빈칸에 들어갈 것으로 알맞은 것을 고르세요.

1 日程が修正されましたので、再度ご連絡した(　　　)です。
① 次第　　② から　　③ はず　　④ こと

2 彼女は、自分の仕事が大好きだった。しかし、ケガのことで、結局仕事を(　　　)。
① 辞めざるを得なかった　　　　② 続かざるを得なかった
③ せざるを得なかった　　　　　④ 代わりざるを得なかった

DAY 08 문형체크

36 〜末(に) ~한 끝에

접속 동사 た형 + 末(に)
명사 + の + 末(に)

彼は頑張った末、弁護士試験に合格した。
3年の工事の末、ようやく新しい地下鉄の駅ができた。

37 〜すら ~조차, 마저, ~도

접속 명사 + すら

質問の内容すら理解できない。
親すら、私の言うことを信じてくれなかった。

📖 **같이 알아두기**

〜さえ
~조차

38 〜だけあって ~인 만큼

접속 동사 / 명사 / 형용사 보통형 + だけあって

井上さんはアメリカに留学しただけあって、
英語がペラペラだ。
東京は、日本の首都だけあって、とても賑やかだ。

⚠️ **주의! (시제가 현재일 때)**

명사 + (である) + だけあって
な형용사 어간 + な(である) + だけあって

🍎 **보너스**

〜だけのことはあって로도 말해요.

39 〜だけに ~인 만큼

접속 동사 / 명사 / 형용사 보통형 + だけに

期待していた旅行なだけに、キャンセルされちゃってがっかりだ。
正樹ちゃんはフランスの学校に通っただけに、
フランス語が上手だ。

⚠️ **주의! (시제가 현재일 때)**

명사 + な(である) + だけに
な형용사 어간 + な(である) + だけに

40 〜だけのことはある ~은/는 다르다, ~라 할 만하다

접속 동사 / 명사 / 형용사 보통형 + だけのことはある

あんなに複雑な仕事をそんなにすぐ終わらせるなんて、
さすがベテランだけのことはある。
そんなに簡単に勝てるなんて、いくら時間が経ったとしても、
チャンピオンだけのことはあるね。

⚠️ **주의! (시제가 현재일 때)**

명사 + な(である) + だけのことはある
な형용사 어간 + な(である) + だけのことはある

問題2　次の文の★に入る最もよいものを、1・2・3・4から一つ選びなさい。

1　★ ＿ ＿ ＿、売れ行きが良くて安心した。

1　長い間　　　　2　苦労して　　　3　本だけあって　　4　書いた

---

1 괄호 안에 들어갈 문법 표현으로 알맞은 것을 고르세요.

1 明日のパーティーを期待した(　　　)、中止になったのは残念だった。
　① だけに　　　② だけで　　　③ だけの　　　④ だけ

2 彼女は、さすがチームのリーダー(　　　)、とてもしっかりした人だ。
　① だけあって　② だけで　　　③ だけの　　　④ なので

2 다음 문장을 알맞은 순서대로 배열하세요.

1 ＿ ＿ ＿ ＿、合格したと分かってびっくりした。[－ － －]
　① いなかった　② 合格すると　③ 思っても　　④ だけに

2 明日が試験だと言うのに、＿ ＿ ＿ ＿。[－ － －]
　① 教科書　　　② 1度も　　　③ すら　　　　④ 読んでいない

3 다음 빈칸에 들어갈 것으로 알맞은 것을 고르세요.

1 あれこれ悩んだ(　　　)、最終的に大学院に行くことにしました。
　① 末　　　　　② だけに　　　③ あまり　　　④ あげく

2 いい成績が出れば、「さすがチームのキャプテンな(　　　)!」と褒めるくせに、少しでも成績が落ちれば、すぐ非難してしまうの は、どうかと思うのだ。
　① だけのことがある　② だけのことはある　③ だけだ　　　④ だけか

DAY 09 　📋 문형체크

41　〜つもりで　1. ~한 셈 치고　2. ~할 생각으로

접속　1. 동사 た형 + つもりで

先生になったつもりで、弟に数学を教えた。
騙（だま）されたつもりで、食べてみなよ。

　　　2. 동사 た형 / ている / い형용사 사전형 / な형용사 어간 + な + つもりで
　　　　 명사 + の + つもりで

まだまだ若（わか）いつもりでいる。
自分では正しいつもりで話したんです。

42　〜たところ　~했더니

접속　동사 た형 + ところ

久しぶりに故郷（ふるさと）に帰ったところ、完全に変わっていました。
教室を出ようとしたところ、先生に呼び出された。

> 💡 **Tip!**
> 〜たらも '~했더니'라고 해석할 수 있어요.

43　〜たところで　~한들, ~해 봤자

접속　동사 た형 + ところで

明日がテストだというのに、今から徹夜（てつや）したところでもう無理だよ。
今から走ったところで、バスの時間には間に合わないよ。

44　〜たばかりに　~하는 바람에

접속　동사 た형 + ばかりに

私がミスしたばかりに、部長が社長に怒られちゃった。
余計（よけい）なことを言っちゃったばかりに、大変なことになっちゃった。

45　〜っけ　~던가?

접속　동사 / 형용사 / 명사 보통형 + っけ

あれ？明日テストだったっけ？
え？待って、書類、出したっけ。

> ⚠️ **주의! (시제가 현재일 때)**
> 명사 / な형용사 어간 + っけ

> 💡 **Tip!**
> 정중형 + っけ
> ~던가요?

問題3　次の文章を読んで、文章全体の内容を考えて、 50 から 53 の中に入る最もよいものを、1・2・3・4から一つ選びなさい。

アルバイトを始めた頃、私のミスで、お客様に嫌な思いをさせたことがあります。 50 、店長が私の代わりにお客様に謝りました。私は、「自分がミスした 51 、店長に迷惑をかけてしまった」と思いすごく落ち込んでしまいました。 52 店長は、私に「次から頑張るんだよ」と言って、優しく笑ってくれました。今でもそれは、とても暖かい記憶です。店長は、「そんなことが 53 ？」と笑うだけですけどね。

50	1 その時	2 あの時	3 この時	4 ああ時
51	1 ばかりに	2 ばかりか	3 ばかりで	4 ばかりの
52	1 もちろん	2 むしろ	3 しかし	4 それで
53	1 ある	2 あったっけ	3 なかったっけ	4 ありません

---

1 괄호 안에 들어갈 문법 표현으로 알맞은 것을 고르세요.

1 帰ろうとした(　　)、社長に呼び出された。

① ところ　② ところに　③ ところで　④ ところが

2 (　　)つもりで頑張れば、何でもできるんだよ。

① 死ぬ　② 死んで　③ 死んだ　④ 死なない

2 다음 문장을 알맞은 순서대로 배열하세요.

1 ＿＿ ＿＿ ＿＿ ＿＿、もう遅いよ。[- - -]

① ところで　② 謝った　③ 彼女に　④ 今さら

2 ＿＿ ＿＿ ＿＿ ＿＿弟にご飯を食べさせている。[- - -]

① 娘は　② 母になった　③ まるで　④ つもり

3 다음 빈칸에 들어갈 것으로 알맞은 것을 고르세요.

1 昨日、カバンに水をこぼした(　　)、今日持っていくカバンがない。

① ばかりに　② ばかり　③ ばかりか　④ ばかりだ

2 ね、今日、英語の宿題(　　)？ちょっとはっきりしない。

① あったっけ　② ある　③ あるかな　④ あり

DAY 10 문형체크

46 ～っこない 절대 ~할 리 없다

접속　동사 ます형 + っこない

今さら走ったって、絶対間に合いっこないよ。
花田さんがやってくれっこない。

47 ～つつ(も) ~하면서(도)

접속　동사 ます형 + つつ(も)

この町は日々変わりつつも、まだ昔の面影が残っている。
「今日こそ勉強しなければならない！」と思いつつ、
結局遊んでしまう。

48 ～つつある ~하고 있다

접속　동사 ます형 + つつある

結婚に関する認識が変わりつつある。
気温が年々上がりつつある。

49 ～っぱなし ~한 채로

접속　동사 ます형 + っぱなし

また電気つけっぱなしで寝ちゃった。
窓を開けっぱなしにしたまま出かけちゃった。

50 ～っぽい ~경향이 있다, ~느낌이 있다, ~처럼 보인다, ~하기 쉽다

접속　동사 ます형 + っぽい
　　　명사 + っぽい
　　　い형용사 어간 + っぽい

あの子はまだ高校生なのに、大人っぽい。
飽きっぽいところを直したいです。

📖 **같이 알아두기**

～ながら(も)
~하면서(도)

💡 **Tip!**

～ている (~하고 있다)보다 변화의 속도가 느립니다.

問題1　次の文の（　　）に入れるのに最もよいものを、1・2・3・4から一つ選びなさい。

|1|　電気（　　）で寝ちゃった。

1　つけておいて　　2　つけたとたん　　3　つけてから　　4　つけっぱなし

---

1 괄호 안에 들어갈 문법 표현으로 알맞은 것을 고르세요.

|1| この靴、高かったけど、なんだか安(　　)見えるね。
　① っぽく　　② みたいに　　③ ように　　④ らしく

|2| 今でも、ここは(　　)ある。
　① 変えつつ　　② 変わりつつ　　③ 変化つつ　　④ 変更しつつ

2 다음 문장을 알맞은 순서대로 배열하세요.

|1| ＿＿ ＿＿ ＿＿ ＿＿。[- - -]
　① 思っている　　② 直したいと　　③ 怒りっぽい　　④ ところを

|2| ＿＿ ＿＿ ＿＿ ＿＿。[- - -]
　① 集中できてない　　② 集中しなければ　　③ 思いつつ　　④ ならないと

3 다음 빈칸에 들어갈 것으로 알맞은 것을 고르세요.

|1| 毎年、日本に来る外国人の数は増え(　　)。
　① つつ　　② つつじゃない　　③ つつある　　④ 始める

|2| ちょっと大人(　　)見えたくて、化粧を頑張ってみた。
　① っぽく　　② みたいで　　③ ように　　④ つつ

DAY 11 　문형체크

51　〜ていては　~해서는

접속　동사 て형 + いては

そんなに遊んでいては、卒業できないよ。
タバコばかり吸っていては、体が悪くなるよ。

52　〜て以来　~한 이래로, ~한 후

접속　동사 て형 + 以来

うちの学校は、開校して以来、ずっと名門大学の合格者を出している。
岸本さんは、入社して以来、ずっと実績トップだ。

📖 **같이 알아두기**
〜た後
~한 후

〜後(あと・ご・のち)
~후

〜以降
~한 후

53　〜てしょうがない　~해서 견딜 수 없다, 너무 ~하다

접속　동사 / 형용사 て형 + しょうがない

N2に合格して、うれしくてしょうがない。
あの子のことが好きでしょうがない。

📖 **같이 알아두기**
〜てたまらない, 〜てならない
~해서 견딜 수 없다, 너무~하다

54　〜てでも　~해서라도

접속　동사 て형 + でも

こうなったら、徹夜してでも全部終わらせる。
どんな手段を使ってでも、これだけは守る。

55　〜(の)ではない(か)　~이/가 아닐까

접속　동사 / 명사 / 형용사 보통형 + (の)ではない(か)

もはや、人間の生活の一部になったと言えるのではないか。
だからこそ、それを受け入れる人も多くなっているのではないか。

⚠️ **주의! (시제가 현재일 때)**
명사 + (な) + (の)ではない(か)
な형용사 어간 + な + (の)ではない(か)

🍎 **보너스**
~(ん)じゃない(か)
회화체

問題2　次の文の★に入る最もよいものを、1・2・3・4から一つ選びなさい。

1　___ ___ ___ ★、お金を稼(かせ)がなければならない理由がある。

1　どんなに　　　2　してでも　　　3　私には　　　4　無理を

---

1 괄호 안에 들어갈 문법 표현으로 알맞은 것을 고르세요.

1 間違うのを恐れて(　　　)、日本語はうまくならないよ。

　① いては　　② からは　　③ まで　　④ でも

2 家を売って(　　　)、あなたは大学に行かせるから、心配しないで。

　① いて　　② いては　　③ いても　　④ でも

2 다음 문장을 알맞은 순서대로 배열하세요.

1 ___ ___ ___ ___。本当に大変だ。[- - -]

　① 多すぎて　　　　　　② ややこしいことが
　③ 頭が痛くてしょうがない　　④ 仕事のことで

2 ___ ___ ___ ___、1回も故郷(ふるさと)に帰っていない。[- - -]

　① 私は　　② 入学して　　③ 大学に　　④ 以来

3 다음 빈칸에 들어갈 것으로 알맞은 것을 고르세요.

1 「仕事は、無理を(　　　)全部終わらせなければならない」と思っている人はいませんか？

　① してでも　　② していては　　③ していても　　④ して

2 財布がなくなったって？どこかに(　　　)？

　① 落としたんじゃない　　　　② 落とし出す
　③ 落としかけた　　　　　　④ 落とし始めた

DAY 12 　문형체크

56　〜ても仕方ない　~해도 어쩔 수 없다

접속　동사 て형 + も + 仕方ない
　　　い형용사 어간 + くて + も + 仕方ない
　　　な형용사 어간 + で + も + 仕方ない

泣いても仕方ないよ。
無理だと分かっても仕方ないよ。好きなのは好きなんだから。

57　〜ということだ　~라고 한다, ~라는 것이다

접속　동사 / 명사 / 형용사 보통형 + ということだ

大西さんは、来週北海道に行くということです。
「じゃ、明日来てください」って言われたけど、これ、雇ってもらったということかな？

⚠️ **주의! (시제가 현재일 때)**

명사 + (だ) + ということだ(とのことだ)
な형용사 어간 + (だ) + ということだ(とのことだ)

📖 **같이 알아두기**

〜とのことだ
~라고 한다

58　〜というものだ　~라는 것이다

접속　동사 / 명사 / 형용사 보통형 + というものだ

子どもが悪いことをしたら叱って正しい道へ導く。
それが大人というものだ。
子どもが何をしても許してあげるなんて、それでは子どもがわがままになるというものだ。

⚠️ **주의! (시제가 현재일 때)**

명사 + というものだ
な형용사 어간 + というものだ

📖 **같이 알아두기**

〜ということだ
~라는 것이다

59　〜というものではない　~라는 것은 아니다

접속　동사 / 명사 / 형용사 보통형 + というものではない

「売れていればそれでよし」というものではない。
値段が安いからいいというものではない。
品質も考えなきゃ。

⚠️ **주의! (시제가 현재일 때)**

명사 + (だ) + というものではない
な형용사 어간 + (だ) + というものではない

60　〜というより　~라고 하기보다는

접속　동사 / 명사 / 형용사 보통형 + というより

韓国の冬の風は、寒いというより、痛いのに近い。
これはお寺というより神社に近い。

⚠️ **주의! (시제가 현재일 때)**

명사 + (だ) + というより
な형용사 어간 + (だ) + というより

問題3　次の文章を読んで、文章全体の内容を考えて、50 から 53 の中に入る最もよいものを、1・2・3・4から一つ選びなさい。

雇用不安定の問題が深刻になっている。50 、最近は、ある企業で、不当な理由をつけて首にして、結局訴えられた 51 。企業は、「不景気の中で、人件費を減らすためには仕方がなかった」と解雇の理由を述べたが、どんなに状況が厳しいとはいえ、そんな汚い解雇のやり方を取ってしまうと、非難されても 52 。不景気だからといって、すべての行為が許される 53 。人への尊重を忘れないでほしい。

50　1　この中で　　2　その中で　　3　その途中　　4　その代わり
51　1　ということだ　2　というものだ　3　ということだそうだ　4　というものではない
52　1　かまわない　2　いい　　3　仕方ない　　4　ならない
53　1　というものだ　2　ということだ　3　ということではないか　4　というものではない

---

1 괄호 안에 들어갈 문법 표현으로 알맞은 것을 고르세요.

1 今さら後悔しても(　　)。
　① ならない　② たまらない　③ いい　④ 仕方ない

2 それが大人(　　)。
　① ということだ　② とのことだ　③ というものではない　④ というものだ

2 다음 문장을 알맞은 순서대로 배열하세요.

1 締切は来週の月曜日だけど、__ __ __ __。[- - -]
　① 提出する　② というものではない　③ その日に　④ 必ずしも

2 __ __ __ __食堂に近かった。[- - -]
　① その店は　② というより　③ カフェ　④ まるで

3 다음 빈칸에 들어갈 것으로 알맞은 것을 고르세요.

1 藤本先生にはいくら話しても(　　)よ。聞いてくれないんだから。
　① わけがない　② 仕方ない　③ ならない　④ いけない

2 娘たちは、誰が「ママ」役をするか真剣に決めていた。それは、「遊び」(　　)、まるで「会議」のようだった。
　① といっても　② というより　③ としたら　④ とすれば

DAY 13 문형체크

61 〜といった ~라고 하는, ~따위, ~와 같은

접속 명사 + といった

この国では、ニンサンやホンマといった日本の車が人気があります。
このホテルは、シャンプーやリンスといった、基本的なアメニティがしっかりしている。

62 〜といっても ~라고 해도

접속 동사 / 명사 / 형용사 보통형 + といっても

パソコンを買ったといっても、安いものです。
日本の夏は暑いといっても、マレーシアほどではないです。

⚠️ **주의! (시제가 현재일 때)**
명사 + (だ) + といっても
な형용사 어간 + (だ) + といっても

63 〜とかで ~라면서

접속 동사 / 명사 / 형용사 보통형 + とかで

また電気料金が上がるとかで、お母さんがため息ついてた。
玉森さん、明日引っ越すとかで、今日は急いで帰ってきたよ。

⚠️ **주의! (시제가 현재일 때)**
명사 + (だ) + とかで
な형용사 어간 + (だ) + とかで

64 〜どころか ~하기는커녕

접속 동사 / 명사 / 형용사 보통형 + どころか

工藤さん、自分がミスしたのに、謝るどころか、図々しい態度を取ってた。
仕事が多すぎて、昼休みどころか、トイレに行く時間もない。

⚠️ **주의! (시제가 현재일 때)**
명사 + どころか
な형용사 어간 + どころか

65 〜ところから ~때문에, ~한 이유에서

접속 동사 / 명사 / 형용사 보통형 + ところから

ここは、昔お寺が多かったところから「寺町」という名前になりました。
校長先生は、名前が「山田」だったところから、「やまちゃん」と呼ばれるようになりました。

⚠️ **주의! (시제가 현재일 때)**
명사 + である + ところから
な형용사 어간 + な(である) + ところから

🍯 **보너스**
명사 + から도 같은 의미예요.

問題1　次の文の（　　）に入れるのに最もよいものを、1・2・3・4から一つ選びなさい。

[1]　彼女は、ひどいことを言われたにもかかわらず、泣く（　　）、笑ってみせた。

1　ところから　　　2　ところか　　　3　ところで　　　4　どころか

1 괄호 안에 들어갈 문법 표현으로 알맞은 것을 고르세요.

[1] パーティーには、パンやお菓子（　　）、軽く食べられるおやつがいっぱいあった。
　　① とか　　　② といった　　　③ とでも　　　④ なんか

[2] 明日から出張に行く（　　）、父は忙しそうだった。
　　① とか　　　② とかで　　　③ といった　　　④ といっても

2 다음 문장을 알맞은 순서대로 배열하세요.

[1] ＿　＿　＿　＿、目玉焼きくらいです。[- - -]
　　① 料理が　　　② できる　　　③ 父が　　　④ といっても

[2] ＿　＿　＿　＿簡単なお惣菜を売っている。[- - -]
　　① この店では　　　② といった　　　③ 肉じゃが　　　④ 唐揚げや

3 다음 빈칸에 들어갈 것으로 알맞은 것을 고르세요.

[1] カレーライスが作れる（　　）、インスタントカレーだけどね。
　　① といっても　　　② といったら　　　③ といっては　　　④ といった

[2] 姉は、父に怒られても落ち込む（　　）、いつも明るく笑う。
　　① どころで　　　② ところが　　　③ ところから　　　④ どころか

DAY 14  문형체크

66 **〜どころではない** ~할 상황이 아니다

접속 동사 사전형 + どころではない
명사 + どころではない

今、それどころではない。
ここでのんびりしているどころではないよ。
大変なことになったんだよ。

📗 보너스
〜どころじゃない
회화체

67 **〜ところに/〜ところへ** ~하는 참에

접속 동사 사전형 / 동사 ている / た형 + ところに/ところへ
い형용사 + ところに/ところへ

終電（しゅうでん）がなくなって困っていたところに、友達が迎（むか）えに来てくれた。
ちょうど母に電話しようとしたところへ、母から電話がかかってきた。

📖 같이 알아두기
〜ところを
~하는 중에
お忙しいところをお越（こ）しいただき、誠（まこと）にありがとうございます。

〜ところで
~한(하는) 시점에

68 **〜ところをみると** ~하는 것을 보면

접속 동사 보통형 + ところをみると

慌（あわ）てているところをみると、何か忘れ物でもしたんじゃないかな。
泣いているところをみると、やっぱり悲しかったんじゃないかな。

69 **〜とする** ~로 하다

접속 동사 / 명사 / 형용사 보통형 + とする

受験番号（じゅけんばんごう）を書かない人は、0点とします。
参加費（さんかひ）は、1人2,000円とする。

⚠️ 주의! (시제가 현재일 때)
명사 + (だ) + とする
な형용사 + (だ) + とする

70 **〜となる** ~가 되다

접속 명사 + となる

石田（いしだ）さんがチーム長となった。
転勤（てんきん）で山口（やまぐち）に行くこととなりました。

問題2　次の文の★に入る最もよいものを、1・2・3・4から一つ選びなさい。

[1]　★ __ __ __。大変なことになったんだから。

1　どころじゃないよ　　2　している　　　3　のんびり　　　4　そんなに

---

1 괄호 안에 들어갈 문법 표현으로 알맞은 것을 고르세요.

1 出かけようとした(　　　)、荷物が届いた。
　① ところが　　② ところの　　③ ところか　　④ ところに

2 理由を言わず3回遅刻したら、1回欠席(　　　)します。
　① に　　　　② と　　　　　③ で　　　　　④ を

2 다음 문장을 알맞은 순서대로 배열하세요.

1 __ __ __ __N2に合格したに違いない。[- - -]
　① ところを　　② 彼女が　　　③ 笑顔でいる　　④ みると

2 いろいろ意見は分かれたけど、__ __ __ __。[- - -]
　① 大島(おおしま)さんが　　② 社長　　　③ 次の　　　④ となった

3 다음 빈칸에 들어갈 것으로 알맞은 것을 고르세요.

1 先生：「次のレポートのテーマは、中国と日本の関係(　　　)。」
　① とします　　② になります　　③ となります　　④ でします

2 来月、土曜日出勤(　　　)なりました。
　① を　　　　② へ　　　　　③ と　　　　　④ が

DAY 15  문형체크

71 ～とは ~라고는, ~하다니, ~일 줄이야

접속 동사 / 명사 / 형용사 보통형 + とは

あの子が僕のことが好きだとは、思いもしなかった。
まさか、そんなに叫ぶとは！

⚠ **주의! (시제가 현재일 때)**
명사 + (だ) + とは
な형용사 어간 + (だ) + とは

72 ～とはいえ ~라고 해도

접속 동사 / 명사 / 형용사 보통형 + とはいえ

いくら安かったとはいえ、こんなに買うのは
買いすぎじゃない。
いくら忙しかったとはいえ、掃除くらいはしてよ。

⚠ **주의! (시제가 현재일 때)**
명사 + (だ) + とはいえ
な형용사 어간 + (だ) + とはいえ

🍎 **보너스**
とはいえ
(접속사) 그렇다고 해도

73 ～とは限らない ~라고는 할 수 없다

접속 동사 / 명사 / 형용사 보통형 + とは限らない

いつも勝ったとはいえ、今回も勝つとは限らない。
ブランド商品が、すべていい物とは限らない。

⚠ **주의! (시제가 현재일 때)**
명사 + (だ) + とは限らない
な형용사 어간 + (だ) + とは
限らない

74 ～とも ~하더라도

접속 동사 의지형 + とも
い형용사 어간 + く + とも

どんなに辛くとも、自分の夢のためだから我慢できた。
留学に行こうとも、ずっと連絡しようね。

75 ～ないことには ~하지 않으면

접속 동사 ない형 + ことには
い형용사 부정형 + ことには
명사 / な형용사 어간 + で + ないことには

会ってみないことには、何とも言えない。
調査してみないことには、原因はわからない。

問題3　次の文章を読んで、文章全体の内容を考えて、50 から 53 の中に入る最もよいものを、1・2・3・4から一つ選びなさい。

どんなに強いチームだ 50 、いつも勝つとは 51 。勉強だってそうです。最初は集中もできないし、意味も分からなくて苦労しても、諦めず、こつこつとしていれば、いつか原理（げんり）が分かって、それこそ「ユリイカ！」と叫びたくなる日が来るのです。 52 、どんなに 53 、勉強を諦めないでください。

50	1 として	2 とはいえ	3 とはいい	4 とはして
51	1 限りません	2 限らません	3 限る	4 限りない
52	1 だから	2 だけど	3 そこで	4 そして
53	1 辛ければ	2 辛いと	3 辛くとは	4 辛くとも

---

1 괄호 안에 들어갈 문법 표현으로 알맞은 것을 고르세요.

1 どんなに眠い(　　)、授業中に寝るのはいけないんじゃないか。
① として　② とはいえ　③ といっては　④ といったら

2 去年の優勝者が今年もまた優勝する(　　)限らない。
① と　② とも　③ とは　④ としては

2 다음 문장을 알맞은 순서대로 배열하세요.

1 どんなに＿ ＿ ＿ ＿！ [- - -]
① 悲しくとも　② いい年の大人が　③ 人の前で　④ 泣くとは

2 だから、その本を＿ ＿ ＿ ＿。 [- - -]
① 言えないよ　② 読んでみないことには
③ 何とも　④ 直接

3 다음 빈칸에 들어갈 것으로 알맞은 것을 고르세요.

1 いくら優秀な橋本（はしもと）さん(　　)、この問題は解決できないだろう。
① とはいい　② ともいえ　③ とはいう　④ とはいえ

2 調査(　　)、誰が犯人かは分からない。
① してみないことには　② したとは限らない
③ したばかりに　④ したとして

DAY 16 문형체크

76 〜ないことは(も)ない ~하지 않는 것은(도) 아니다

접속 동사 ない형 + ことは(も)ない
い형용사 부정형 + ことは(も)ない
명사 / な형용사 어간 + で + ないことは(も)ない

あなたの気持ちも、わから**ないことはない**です。
あ、あのファミレスね。安く**ないこともない**けど、微妙かな。

77 〜ないで/ずにすむ ~하지 않아도 되다, ~하지 않고 끝나다

접속 동사 ない형 + ないで/ずにすむ

ありがとう、おかげで先生に怒られ**ないですんだ**よ。
最近は、スマホさえあれば財布を持た**ずにすむ**。

보너스
〜なくて(も)すむ
~하지 않고 끝나다,
~없이 끝나다,
~하지 않아도 되다

78 〜なくは(も)ない
~하지 않는 것은 아니다, ~하지 못할 것은 없다

접속 동사 ない형 + なくは(も)ない
명사 / な형용사 어간 + で + なくは(も)ない
い형용사 어간 + く + なくは(も)ない

あなたの気持ち、わから**なくはない**。
運動会に行きたく**なくもない**けど、正直ちょっと面倒くさい。

보너스
〜ないでは(も)ない,
〜ないものでもない
~하지 않는 것은 아니다,
~하지 못할 것은 없다

79 〜にあたって ~에 즈음하여, ~할 때(~함에 있어)

접속 동사 사전형 + にあたって
명사 + にあたって

N2を受ける**にあたって**、注意点をお伝えします。
新しいプロジェクトをする**にあたって**、まずメンバーを構成する必要がある。

보너스
〜にあたり
~즈음해, 할 때(~함에 있어)

80 〜にあたる ~에 해당하다

접속 명사 + にあたる

あの人は、遠い親戚**にあたる**。
日本での「桜」の意味は、まさにイギリスの「バラ」**にあたる**。

問題1　次の文の（　　　）に入れるのに最もよいものを、1・2・3・4から一つ選びなさい。

1　大学入学に（　　　）、スーツを買いに来た。

1　あてて　　　2　あたって　　　3　あて　　　4　あたる

---

1 괄호 안에 들어갈 문법 표현으로 알맞은 것을 고르세요.

1　道枝さんが言ってることも、理解(　　　)。
　① できないこともない　　② できないからない
　③ できないじゃない　　　④ できないことからない

2　よかった、財布失くしたの、お父さんにバレないで(　　　)。
　① おわった　　② すんだ　　③ きった　　④ きりだ

2 다음 문장을 알맞은 순서대로 배열하세요.

1　えー。＿＿　＿＿　＿＿、これです。[- - -]
　① 卒業に　　② お話ししたいのは　　③ あたって　　④ 皆さんに

2　赤嶺先生は、＿＿　＿＿　＿＿　＿＿。[- - -]
　① 私には　　② 大事な方だ　　③ 恩師に　　④ あたる

3 다음 빈칸에 들어갈 것으로 알맞은 것을 고르세요.

1　あなたのその気持ち、(　　　)けど、今は我慢するべきだよ。
　① わからなくもない　② わからない　③ わかりあえない　④ わかりえない

2　娘の卒業式に(　　　)、袴を買いに来ました。
　① あたって　　② あてて　　③ あたる　　④ あえて

DAY 17 📋 문형체크

81 〜において ~에서
접속 명사 + において

説明会は、大ホールにおいて行われます。
学会において、そのテーマに関する活発な討論があった。

 보너스
〜における
~에서의

82 〜に応じて ~에 맞게, ~에 따라서, ~에 응해서
접속 명사 + に応じて

カメレオンは、場所に応じて体の色を変える。
留学生たちの日本語クラスを、日本語レベルに応じて分けた。

 보너스
〜に応じ
~에 맞게, ~에 따라, ~에 응해

〜に応じた＋명사
~에 맞은, ~에 따른, ~에 응한 명사

83 〜にかかわらず ~에 관계없이
접속 동사 사전형 + 동사 ない형 / かどうか + にかかわらず
명사+ にかかわらず
형용사 사전형 + 형용사 부정형 + にかかわらず

合格するしないにかかわらず、受けたという書類を
出せばいいです。
時と場所にかかわらず、どこでも使えます。

🍎 보너스
〜にかかわりなく
~에 관계없이(회화체)

84 〜に限らず ~뿐만 아니라
접속 명사 + に限らず

相澤さんに限らず、みんなそう思っているのです。
渋谷は、週末に限らず、平日も人でいっぱいだ。

85 〜に限る ~하는 것이 제일이다
접속 동사 사전형 / 동사 ない형 + に限る
명사 + に限る

疲れた時は、寝るに限る。
風呂上がりの時は、コーヒー牛乳に限る。

問題2　次の文の★に入る最もよいものを、1・2・3・4から一つ選びなさい。

1　＿＿　＿＿　＿＿　★。

1　行きたいなら　　2　京都に　　3　限る　　4　日本旅行に

---

1 괄호 안에 들어갈 문법 표현으로 알맞은 것을 고르세요.

1 日本文化研究に(　　)、彼女ほど詳しい人はいないと思う。

① おいて　　② おって　　③ おけて　　④ おける

2 この花は、時間に(　　)色が変わります。

① 加えて　　② おいて　　③ 応じて　　④ あたって

2 다음 문장을 알맞은 순서대로 배열하세요.

1 やりたいことがあれば、＿＿　＿＿　＿＿　＿＿。[－ － －]

①　成功する　　②　挑戦してみるのだ　③　しないに　　④　かかわらず

2 部長がこんなに怒ってる時は、＿＿　＿＿　＿＿　＿＿。[－ － －]

①　何も　　②　限る　　③　言わず　　④　じっとするに

3 다음 빈칸에 들어갈 것으로 알맞은 것을 고르세요.

1 若い時は、何事も経験する(　　)。

①　に限りない　　②　に限った　　③　に限らない　　④　に限る

2 料金は、ご希望のプラン(　　)、こちらからお選びいただけます。

①　に応じた　　②　に応じて　　③　によって　　④　に沿って

DAY 18 문형체크

86 〜にかけては   ~에 관한 한

접속   명사 + にかけては

彼女は、歴史の知識にかけては、大学の教授よりも優れている。
父は、車にかけては、専門家ほど詳しい。

87 〜に関して   ~에 대해서

접속   명사 + に関して

日本の食文化に関して論文を書きました。
最近の若者の文化に関して調査をしてみた。

보너스
〜に関する(関しての) + 명사
~에 대한 명사

88 〜に応えて   ~에 부응해서

접속   명사 + に応えて

取引先の要求に応えて、デザインを変えてみた。
子どもたちの期待に応えて、サンタクロースがいると話してあげた。

보너스
〜に応え
~에 부응하여

89 〜に際して   ~에 즈음하여

접속   동사 사전형 + に際して
       명사 + に際して

留学に際して、先生にアドバイスをしてもらった。
海外旅行をするに際して、パスポートを申請した。

보너스
〜に際し
~에 즈음해

90 〜に先立って   ~에 앞서서

접속   동사 사전형 + に先立って
       명사 + に先立って

旅行に先立って、パスポートを申請したり、両替をしたりした。
レポートを書くに先立って、まず資料調査を行った。

보너스
〜に先立ち
~에 앞서

問題3　次の文章を読んで、文章全体の内容を考えて、50 から 53 の中に入る最もよいものを、1・2・3・4から一つ選びなさい。

息子が大学を卒業する 50 、スーツを買いに行った時のことだ。店の前にポスターが貼ってあったので見てみたら、そこには卒業旅行に 51 内容が書かれていた。旅行先は様々で、近くは韓国や台湾(たいわん)もあったし、遠くはグアムやハワイもあった。僕の大学時代には、卒業旅行でこんなに高いところには行けなかったな、と思い 52 、これも最近のグローバル化に 53 変わってきた結果なんだろうな、と思ったら不思議な気持ちになった。

50	1 に従って	2 に先立って	3 の際	4 の際に
51	1 関して	2 関する	3 関したら	4 関しない
52	1 はじめて	2 つつ	3 つつあり	4 きって
53	1 応えて	2 応じた	3 よった	4 ついての

---

1 괄호 안에 들어갈 문법 표현으로 알맞은 것을 고르세요.

① 住民たちの要求に(　　　)、駐車場を改築(かいちく)することにしました。
　① 応えて　　② 限って　　③ 加えて　　④ 応じた

② 日本旅行に行く(　　　)、おいしいラーメン屋を探してしてみた。
　① に際して　　② の際　　③ によって　　④ に沿って

2 다음 문장을 알맞은 순서대로 배열하세요.

① ＿＿ ＿＿ ＿＿ ＿＿、基本的な漢字を覚えさせた。[- - -]
　① 息子を　　② 入学させる　　③ に先立って　　④ 小学校に

② 徳永(とくなが)さんは＿＿ ＿＿ ＿＿ ＿＿。[- - -]
　① 研究しています　　② マスメディアに　　③ 関して　　④ 日本の

3 다음 빈칸에 들어갈 것으로 알맞은 것을 고르세요.

① 娘は、絵の実力(　　　)、大人よりもうまい。
　① にかけて　　② にかかって　　③ にかけたら　　④ にかけては

② お客様の意見(　　　)、割引券(わりびきけん)の使用期限を1週間延ばしました。
　① について　　② に対して　　③ に従い　　④ に応えて

DAY 19　📋 문형체크

91　～にしたら　~의 입장으로는, ~에게는

접속　명사 + にしたら

大人にしたら千円はあまり大金じゃないだろうけど、子どもにしたらそりゃ大金だ。
旅行会社にしたら、桜の時期は観光客が増えるので、儲けたいわけだ。

92　～にしては　~치고는

접속　동사 / 명사 보통형 + にしては

彼は、アメリカでたった1年住んだにしては、英語が上手だ。
初めて作ったクッキーにしては、おいしくできた。

93　～にしても　~치고도

접속　동사 / 명사 / 형용사 보통형 + にしても

日本で4年間大学に通ったにしても、日本語が上手すぎる。
もし日本に引っ越すにしても、東京には家賃が高くて住めないよ。

94　～にしろ～にしろ　~이든 ~이든

접속　동사 / 명사 / 형용사 보통형 + にしろ + 동사 / 명사 / 형용사 보통형 + にしろ

猫にしろ犬にしろ、動物には優しくしなければならない。
野球にしろサッカーにしろ、大事なのはチームワークだ。

95　～にせよ　~라 하더라도

접속　동사 / 명사 / 형용사 보통형 + にせよ

いくら仕事が忙しいにせよ、ちゃんと睡眠は取るんだよ。
テストが難しかったにせよ、この点数はないだろう。

🍊 **보너스**
～にすれば
(격식체)

⚠️ **주의! (시제가 현재일 때)**
명사 + (である) + にしては

⚠️ **주의! (시제가 현재일 때)**
명사 + (である) + にしても
な형용사 어간 + (である) + にしても

🍊 **보너스**
～にせよ ＞ ～にしろ ＞
～にしても ＞ ～にしたって
(격식체) ＞ (회화체)

⚠️ **주의! (시제가 현재일 때)**
명사 + (である) + にしろ
な형용사 어간 + (である) + にしろ

🍊 **보너스**
～にせよ～にせよ
(격식체)
～にしても～にしても,
～にしたって～にしたって
로도 말할 수 있어요.

⚠️ **주의! (시제가 현재일 때)**
명사 + (である) + にせよ
な형용사 어간 + (である) + にせよ

🍊 **보너스**
～としても、～にしても、
～にしろ로도 말할 수 있어요.

問題1　次の文の（　　）に入れるのに最もよいものを、1・2・3・4から一つ選びさい。

1　先生に（　　）親に（　　）、彼女のことを信じなかった。

1　せよ　　　　2　して　　　　3　たって　　　　4　したって

---

1 괄호 안에 들어갈 문법 표현으로 알맞은 것을 고르세요.

1 親に(　　)、子どもを心配するのは当然なのだ。
① しても　　② せよ　　③ したら　　④ しては

2 いくら安く買った(　　)、それは多すぎる。
① にしても　　② にしては　　③ にしたら　　④ にすれば

2 다음 문장을 알맞은 순서대로 배열하세요.

1 友達にしろ＿　＿　＿。[- - -]
① 信じてくれる　② 人はいなかった　③ 彼のことを　④ 親にしろ

2 ＿　＿　＿　＿。[- - -]
① いくら　　　　　　　② 食事を取らないのは
③ 痩せたいにせよ　　　④ 体に悪すぎる

3 다음 빈칸에 들어갈 것으로 알맞은 것을 고르세요.

1 学生(　　)、台風で学校が休みになるのはうれしいことだ。
① にしても　　② にしたら　　③ にしろ　　④ にせよ

2 春香(はるか)さんは、ただ1年ドイツにいた(　　)、ドイツ語が上手すぎる。
① にせよ　　② にしては　　③ にしたら　　④ にしろ

DAY 20 📋 문형체크

96 　～に相違ない　~임에 틀림없다

접속　동사 / 명사 / 형용사 보통형 + に相違ない

これは、お母さんの足音に相違ない。
誰かここで寝てたに相違ない。

97 　～に沿って　~에 따라서

접속　명사 + に沿って

この道路に沿って真っすぐ行けば、カラオケが見えるはずだよ。
会社の方針に沿って、お客様の情報は公開していません。

98 　～に備えて　~에 대비해서

접속　명사 + に備えて

災害に備えて、うちもきちんと準備しておかないと。
この町では、突然の雪に備えて、いつもスノーチェーンを車の中に置いておきます。

99 　～に例えると　~에 비유하면

접속　명사 + に例えると

自分を物に例えると、何に似ていると思いますか？
人生を花に例えると、どんな花なんでしょうか。

100 　～に次いで　~에 뒤이어

접속　명사 + に次いで

最近、日本に次いで、台湾が旅行先として人気です。
日本語学習者の数は、英語学習者に次いで2位です。

⚠️ **주의! (시제가 현재일 때)**

명사 + (である) + に相違ない
な형용사 어간 + (である) + に相違ない

🍎 **보너스**

～に沿い
~에 따라

～に沿った + 명사
~에 따른 명사

🍎 **보너스**

～に備え
~에 대비해

🍎 **보너스**

～に次ぐ + 명사
~에 다음가는(버금가는) 명사

大阪は、東京に次ぐ大都市です。

問題2　次の文の★に入る最もよいものを、1・2・3・4から一つ選びなさい。

| 1 | そうですね。確かに__ ★ __ __。

1　鍵に　　　　　　2　私が落とした　　3　これは　　　　　4　相違ないです

---

1 괄호 안에 들어갈 문법 표현으로 알맞은 것을 고르세요.

① 国の商売ガイドライン(　　)沿って営業しています。
　① に　　　　　② を　　　　　③ が　　　　　④ へ

② 試験に(　　)、しっかり試験勉強をするんだよ。
　① 揃って　　　② 備えて　　　③ 沿って　　　④ したがって

2 다음 문장을 알맞은 순서대로 배열하세요.

① 赤ちゃんを__ __ __ __。[- - -]
　① ウサギみたいだ　② 動物に　　③ 例えると　　④ まるで

② この地域には、__ __ __ __。[- - -]
　① に次いで　　② アメリカ人　③ 2番目に多い　④ 日本人が

3 다음 빈칸에 들어갈 것으로 알맞은 것을 고르세요.

① この音は、救急車の音に(　　)。
　① わかる　　② 従う　　　③ しかない　　④ 相違ない

② プサンは、ソウルに(　　)大都市です。
　① 次いで　　② 次いて　　③ 次ぐ　　　④ 続く

DAY 21　문형체크

101　〜につき　~이므로, ~따라서

접속　명사 + につき

エレベーター修理中につき、階段をご利用ください。
店内改築中につき、本日は休業させていただきます。

102　〜につけて　~할 때마다

접속　동사 사전형 + につけて

この音楽を聴くにつけて、学生時代を思い出す。
ラーメンを食べるにつけて、いつも彼女を思い出す。

 보너스

〜につけ
~할 때 마다

何かにつけて
기회가 있을 때마다

それにつけても
그와 관련하여

103　〜につけ〜につけ　~이든 ~이든

접속　동사 / い형용사 사전형 + につけ + 동사 / い형용사 사전형 + につけ
　　　명사 + につけ + 명사 + につけ

成績がいいにつけ悪いにつけ、父はいつも「頑張った」って言ってくれた。
冬につけ夏につけ、お母さんはいつも厚いセーターを着ている。

104　〜につれて　~에 따라서

접속　동사 사전형 + につれて
　　　명사 + につれて

時間が経つにつれて、忘れることが多くなってきた。
経済が発展するにつれて、国民たちの生活もどんどん良くなってきた。

 보너스

〜につれ
~에 따라

105　〜に伴って　~에 동반해서

접속　동사 사전형 + に伴って
　　　명사 + に伴って

産業の発達に伴って、経済もよくなってきた。
人口増加に伴って、住宅問題も激しくなってきた。

보너스

〜に伴い
~에 동반하여

〜に伴う + 명사
~에 동반한 명사

問題3　次の文章を読んで、文章全体の内容を考えて、50から53の中に入る最もよいものを、1・2・3・4から一つ選びなさい。

産業の発達に 50 、環境問題も激しくなってきている。 51 、最近「リサイクル」に関する関心が高まっている。最初はあまりにも細かくなったリサイクルのやり方に抵抗(ていこう)を感じる人もいたが、今はもうすっかり慣れてきた 52 。私も、今ではスーパーで物を買う時、商品を見るに 53 、「これは燃えるゴミ、これは燃えないゴミ」と、勝手に頭の中で分類してしまったりする。

50	1 つれて	2 つけて	3 つけると	4 つくと
51	1 しかし	2 そのため	3 だけど	4 そして
52	1 ようだ	2 そうだ	3 んじゃない	4 はずがない
53	1 従って	2 伴って	3 つけて	4 つれて

확인문제

1 괄호 안에 들어갈 문법 표현으로 알맞은 것을 고르세요.

1 店内掃除中に(　　)、1時間後またご来店ください。
　① つけて　　② つれて　　③ つき　　④ ついて

2 旅行で撮った写真を見るに(　　)、その時を思い出す。
　① つき　　② したがって　　③ つれて　　④ つけて

2 다음 문장을 알맞은 순서대로 배열하세요.

1 ただいま、こちら側は__　__　__　__。[- - -]
　① 工事中に　　② 反対側へ　　③ つき　　④ 移動してください

2 __　__　__　__。[- - -]
　① 聞くにつけて　　② この音楽を　　③ 思い出す　　④ その時のことを

3 다음 빈칸에 들어갈 것으로 알맞은 것을 고르세요.

1 子どもの時から、いい(　　)悪い(　　)、いつも姉と比べられてきた。
　① につけ、につけ　　② やら、やら　　③ など、など　　④ でも、でも

2 経済が発展する(　　)、副作用(ふくさよう)も出てくるわけだ。
　① に伴って　　② につけて　　③ につき　　④ に沿って

DAY 22 　 문형체크

106 　〜には〜が　~하기는 하지만

접속　동사 사전형 + には + 동사 보통형 + が

大学に受かるには受かったが、なんだか名残惜しいね。
謝るには謝るが、許してもらえるかしら。

107 　〜に反して　~에 반해서

접속　명사 + に反して

難しいだろうと思ったけど、予想に反して、意外と簡単だった。
期待に反して、まったく学生が集まらなかった。

108 　〜に他ならない

반드시~이다, 절대~이다, ~임에 틀림없다, ~외에 없다

접속　동사 / 명사 / 형용사 보통형 + に他ならない

こんな時間に電話かけてくるなんて、迷惑に他ならない。
これは、プロポーズに他ならない。

⚠️ **주의! (시제가 현재일 때)**
명사 + (だ) + に他ならない
な형용사 어간 + だ + に他ならない

📖 **보너스**
〜から + に他ならない도 가능해요.

109 　〜に向けて　~을/를 목표로, ~을/를 향해서

접속　명사 + に向けて

N2合格に向けて勉強しています。
この飛行機は、東京、羽田国際空港に向けて出発します。

📖 **보너스**
〜に向け
~을/를 목표로, ~을/를 향해

📙 **같이 알아두기**
〜に向かって
~을/를 향해서

110 　〜にもかかわらず　~임에도 불구하고

접속　동사 / 명사 / 형용사 보통형 + にもかかわらず

彼女は、重い病気にもかかわらず、いつも笑顔でいようとしている。
大変なこともいっぱいありました。それにもかかわらず、日本に来てよかったと思うのです。

⚠️ **주의! (시제가 현재일 때)**
명사 + (である) + にもかかわらず
な형용사 어간 + (である) + にもかかわらず

📖 **보너스**
それにもかかわらず
그럼에도 불구하고(접속사)

問題1　次の文の（　　）に入れるのに最もよいものを、1・2・3・4から一つ選びなさい。

1 会社に行く（　　）行く（　　）、やっぱり今日は休みたい。

1　には、には　　2　にも、が　　3　では、が　　4　には、が

---

1 괄호 안에 들어갈 문법 표현으로 알맞은 것을 고르세요.

1 全社員に(　　)発表する。

① 向けて　　② 向いて　　③ 向いたら　　④ 向き

2 おいしくないだろうと思ったが、予想に(　　)、とてもおいしかった。

① つけて　　② 反して　　③ 反面　　④ 通り

2 다음 문장을 알맞은 순서대로 배열하세요.

1 ＿＿ ＿＿ ＿＿ ＿＿かもしれない。[－ － －]

① 先生に　　② 話してみるには　　③ 話してみるが　　④ 許してくれない

2 ＿＿ ＿＿ ＿＿ ＿＿。[－ － －]

① 社員全員の努力が　　② 成長できたのは　　③ あったに他ならない　　④ 会社が

3 다음 빈칸에 들어갈 것으로 알맞은 것을 고르세요.

1 彼女は大学に合格した(　　)、うれしくなさそうな顔をしている。

① にしても　　② に対して　　③ にもかかわらず　　④ にかかわらず

2 新しい先生、怖いんじゃないかと思ったけど、予想に(　　)、優しかった。

① 反して　　② 反面　　③ 伴って　　④ つれて

DAY 23 문형체크

111 〜に基づいて ~에 기초해서, ~에 근거해서

접속 명사 + に基づいて

このドラマは、事実に基づいて作られました。
私たちの会社では、法律に基づいて仕事をしております。

112 〜によって ~에 따라

접속 명사 + によって

あの選手が退場させられたことによって、チームに危機がやってきた。
朝早く起きることによって、本を読める時間ができました。

113 〜によらず ~에 관계없이

접속 명사 + によらず

彼は見かけによらず神経質だ。
年齢によらず、条件に当てはまる方なら誰でも歓迎です。

114 〜ぬきで ~없이, ~하지 말고, ~빼고

접속 명사 + ぬきで

冗談ぬきで、まじめに考えて決めなさい。
アイスコーヒー、氷ぬきでお願いします。

115 〜ぬきにして(は) ~은/는 생략하고(는), ~을/를 빼고(는)

접속 명사 + ぬきにして(は)

今日は仕事の話はぬきにして、とりあえず飲もうぜ。
日本の文化を語る時には、仏教の影響をぬきにしては話しにくいです。

🍎 보너스
〜に基づき
~에 따라

💡 Tip!
〜によっては 동작의 주체를 나타내거나, 행동에 대한 대응도 표현할 수 있어요.

この建物は、林先生によって作られました。 (주체)
人によって、受け入れ方も違う。 (대응)

📖 같이 알아두기
〜ぬきには
~없이는, 빼고는

〜ぬきの + 명사
~을/를 뺀 명사

〜ぬきに
~없이, ~하지 말고

問題2　次の文の★に入る最もよいものを、1・2・3・4から一つ選びなさい。

[1]　ラーメンお願いします。あ、★ ＿＿ ＿＿ ＿＿。

1　ネギだけ　　　2　入れてください　　3　ぬきで　　　　4　メンマ

---

1 괄호 안에 들어갈 문법 표현으로 알맞은 것을 고르세요.

[1] 今回は、挨拶(あいさつ)は(　　)、本論(ほんろん)だけ話させていただきます。

① ぬきにすると　② ぬきにしてから　③ ぬきにして　④ ぬきで

[2] 感情(　　)、冷静に考えて話して。

① ぬきでは　　② ぬきの　　　③ ぬきには　　　④ ぬきで

2 다음 문장을 알맞은 순서대로 배열하세요.

[1] この政策(せいさく)は、＿＿ ＿＿ ＿＿ ＿＿。［ - - - ］

① 論文に　　　② その教授の　　③ 基づいて　　　④ 立てられました

[2] お金の価値は、＿＿ ＿＿ ＿＿ ＿＿。［ - - - ］

① 人によって　② それぞれ　　　③ ものです　　　④ 違う

3 다음 빈칸에 들어갈 것으로 알맞은 것을 고르세요.

[1] 性別に(　　)、条件(じょうけん)が合えば働けます。

① よって　　　② つれて　　　③ よらず　　　　④ よっての

[2] それは、彼の努力を(　　)、語(かた)れない問題だと思う。

① ぬきにしては　② ぬきにすると　③ ぬいて　　　　④ ぬきにしても

DAY 24 문형체크

116 〜ぬきには ~없이는, 빼고는

접속 명사 + ぬきには

伊原さんぬきには、話が進まないだろう。

部長ぬきには、何も決められない。

117 〜ぬく 끝까지~하다

접속 동사 ます형 + ぬく

加賀さんはケガしたのにもかかわらず、最後まで走りぬいた。

いろいろありましたが、結局最後までやりぬきました。

118 〜ねばならない ~해야만 한다(~하지 않으면 안 된다)

접속 동사 ない형 + ねばならない

明日、早く起きねばならない。

この仕事、今日中に終わらせねばならない。

보너스

する → せねばならない

119 〜のもとで ~아래서, ~지도 하에, ~밑에서

접속 명사 + の + もとで

私は、有岡先生のもとで研究しています。

渡辺監督のもとで学べたのは、人生の宝物です。

같이 알아두기

〜のもとに

~(명목) 하에

経済発展という名のもとに、環境破壊が行われている。

120 〜ばかりか ~뿐만 아니라

접속 동사 / 명사 / 형용사 보통형 + ばかりか

渡井さんは、和食ばかりか、洋食も上手に作れる。

薬を飲んだのに、症状はよくならないばかりか、むしろもっとひどくなった。

⚠ 주의! (시제가 현재일 때)

명사 + である + ばかりか

な형용사 어간 + な(である) + ばかりか

問題3　次の文章を読んで、文章全体の内容を考えて、50 から 53 の中に入る最もよいものを、1・2・3・4から一つ選びなさい。

僕は風邪を引いている。もう15日も経った。病院にも行ってみたが、よくならない 50 、症状はひどくなっていく一方だ。 51 重い病気なのでは？と思って別の病院にも行ってみたけど、ただの風邪だという言葉だけ返ってきた。でも、もう薬 52 眠れないほどひどくなっている。明日また、薬をもらいに病院に 53 。

50	1 ばかりの	2 ばかりか	3 ばかりに	4 だけど
51	1 もしかして	2 なぜなら	3 逆に	4 むしろ
52	1 ぬきでは	2 ぬきでして	3 ぬきには	4 ぬいて
53	1 行きたくない	2 行くべからず	3 行った方がいい	4 行かねばならない

확인문제

1 괄호 안에 들어갈 문법 표현으로 알맞은 것을 고르세요.

① 三村さん(　　　)、会議が進みません。
　① ぬきで　　② ぬきにして　　③ ぬきには　　④ ぬきでして

② 東京は日本政治の中心である(　　　)、経済と文化の中心でもある。
　① ばかりの　　② ばかりに　　③ ばかりで　　④ ばかりか

2 다음 문장을 알맞은 순서대로 배열하세요.

① あのゲームは、__ __ __ __。[- - -]
　① 子ども　　② 楽しんでるようだ　　③ ばかりか　　④ 大人も

② __ __ __ __、宮脇と申します。[- - -]
　① 仕事を　　② している　　③ もとで　　④ 秋元部長の

3 다음 빈칸에 들어갈 것으로 알맞은 것을 고르세요.

① 私たちは、今だからこそ、もっとグローバルな生き方を(　　　)。
　① 身につけねばならない　　② 身につける
　③ 身につかねばならない　　④ 身に染みねばならない

② 伊勢先生の(　　　)、文学研究をしている、谷と申します。
　① もとで　　② もとに　　③ もとなら　　④ もとの

DAY 25 문형체크

121 〜はともかく(として)
~은/는 차치하고, ~은/는 그렇다 치고

접속 명사 + はともかく(として)

内容はともかく、話し方を直した方がいいよ。
専攻はともかく、大学には行った方が将来のためにいい。

122 〜はもちろん(のこと) ~은/는 물론

접속 명사 + (조사) + はもちろん(のこと)

このケーキは、見た目はもちろん、味までとてもいい。
木立先生は、ヨーロッパ生活が長いので、
英語はもちろんのこと、オランダ語もお上手だ。

123 〜ばよかった ~할 걸 그랬다

접속 동사 ば형 + よかった

あー。もっと早く話せばよかった。
こんなに暑くなると知ってたなら、半そでのTシャツを
持ってくればよかった。

124 〜ぶりに ~만에

접속 명사 + ぶりに

何年ぶりに会ったのかな、私たちって。
久しぶりに、友達と長く話した。

125 〜べきだ ~해야 한다

접속 동사 사전형 + べきだ

あの会社に就職するためには、N1の資格を取るべきだ。
子どもには優しくするべきだ。

🍎 **보너스**

〜は別と(に)して
~은/는 차치하고, ~은/는 그렇다 치고

〜ならともかく
~하면 몰라도

📖 **같이 알아두기**

〜はさておき
~은/는 제쳐두고

🍎 **보너스**

〜はもとより
(격식체)

🍎 **보너스**

〜べきではない
~해서는 안 된다

💡 **Tip!**

する → するべきだ / すべきだ

問題1　次の文の（　　）に入れるのに最もよいものを、1・2・3・4から一つえらびなさい。

[1]　学生は、まじめに勉強する（　　）。

1　べきか　　　　2　べからず　　　3　べきではない　　4　べきだ

---

1 괄호 안에 들어갈 문법 표현으로 알맞은 것을 고르세요.

[1] 理由は(　　)、遅刻したのは許せない。
①　とくに　　　②　とりわけ　　　③　とりあえず　　　④　ともかく

[2] 彼女は、性格は(　　)、声もやさしい。
①　もちろん　　②　ともかく　　　③　とりあえず　　　④　とらない

2 다음 문장을 알맞은 순서대로 배열하세요.

[1] あの服、__ __ __ __。[- - -]
①　よかったのに　②　買えば　　　③　ほしかったなら　　④　そんなに

[2] 部長は、リーダシップがあって、__ __ __ __。[- - -]
①　社長にも　　　②　もちろん　　③　信用されている　　④　チーム員には

3 다음 빈칸에 들어갈 것으로 알맞은 것을 고르세요.

[1] 彼女と出会ったのは卒業以来(いらい)だから、ちょうど10年(　　)会ったのだ。
①　ぶりの　　　　②　ぶりに　　　③　ぶりで　　　　④　ぶりには

[2] お年寄りがいれば、席を譲(ゆず)る(　　)。
①　べきだ　　　　②　べきではない　③　べきかもしれない　④　べきか

DAY 26 문형체크

126 ～(より)ほか(は)ない
~할 수 밖에 없다, ~외에 방법이 없다

접속 동사 사전형 + (より)ほか(は)ない
명사 + (より)ほか(は)ない

こんなに汚れてしまったなら、捨てるよりほかはない。
こんなにお客さんがいないんだったら、閉店するほかない。

127 ～まい ~하지 않겠다, ~하지 않을 것이다

접속 동사 사전형 + まい
い형용사 어간 + くある + まい / な형용사 어간 + ではある + まい
명사 + ではある + まい

もう、たばこは吸うまい。
もう、二人は仲直りできるまい。

💡 Tip!
2그룹, 3그룹의 경우 동사 ない형에도 접속합니다.

食べる → 食べまい
する → しまい
来る → 来まい
する의 경우,
しまい, すまい 두 가지의
접속 형태가 있습니다.

🍎 보너스
～これ/それまでだ
그것으로 끝이다

128 まで(のこと)だ
1. ~하면 그만이다, 하면 된다 2. 단지~했을 뿐이다

접속 1. 동사 사전형 + まで(のこと)だ

迷子になったなら、警察に行くまでだ。
終電がなくなったなら、歩いて帰るまでだ。

2. 동사 た형 + まで(のこと)だ

聞いたことを伝えたまでだ。
当然のことをしたまでのことです。

129 ～向き ~에 적당한, ~에 어울리는, ~용도에 맞는

접속 명사 + 向き

学生向きのマンションを探しています。
僕は、営業向きの性格だと思います。

130 ～向け ~용, ~의 목적을 가진

접속 명사 + 向け

最近、大人向けの絵本がよく出版されているということです。
男性向けの化粧品がよく売られています。

問題2　次の文の★に入る最もよいものを、1・2・3・4から一つえらびなさい。

1　最近__ ★ __ __。

1　流行っているらしいです　　　　2　お年寄り
3　向けの　　　　　　　　　　　　4　英語教室が

---

1 괄호 안에 들어갈 문법 표현으로 알맞은 것을 고르세요.

1 犯人が逃げてしまったんだから、警察に行く(　　　)。
　① ほかない　　② ほかある　　③ ほかではないか　　④ ほかのことだ

2 初心者(　　　)のギターありますか？
　① 向け　　② 向き　　③ 向く　　④ 向こうの

2 다음 문장을 알맞은 순서대로 배열하세요.

1 もう二度と__ __ __ __。[- - -]
　① 飲む　　② など　　③ まい　　④ お酒

2 しばらく、__ __ __ __。[- - -]
　① 景気は　　② 良くなる　　③ まい　　④ この国の

3 다음 빈칸에 들어갈 것으로 알맞은 것을 고르세요.

1 大丈夫。残ったら、明日食べる(　　　)。
　① までの　　② までにだ　　③ までかな　　④ までだ

2 こんなに寒くなったなら、もう冬服を出す(　　　)。
　① よりほかない　　② よりない　　③ よりしかない　　④ よりほかある

DAY 27　 문형체크

131 　～も～ば(なら)～も　~도 하고(하거니와)~도
접속　명사 + も + 동사 / 명사 / 형용사 ば형(なら형) + 명사 + も

私立学校に通う学生もいれば、公立学校に通う学生もいる。
そんなことをしちゃって反省もしないなんて、親も親なら子も子だ。

132 　～もかまわず　~도 개의치 않고
접속　동사 / 명사 / 형용사 보통형 + もかまわず
　　　명사 + もかまわず

まだケガが治っていないのもかまわず、彼は走り出した。
彼は、人目もかまわず、大声で叫んでいた。

⚠ 주의! (시제가 현재일 때)
명사 + な(である) + の + もかまわず
な형용사 어간 + な(である) + の + もかまわず

133 　～ものか　~할까 보냐
접속　동사 / 명사 / 형용사 보통형 + ものか

こんなので諦めるものか。
3年も待ったんだ。絶対、負けるものか。

⚠ 주의! (시제가 현재일 때)
명사 + な + ものか
な형용사 어간 + な + ものか

134 　～ものがある　~하는 데가 있다, 아주~하다, 정말~하다
접속　동사 사전형 / ない형 + ものがある
　　　い형용사 사전형 / 부정형 + ものがある
　　　な형용사 어간 + な / 부정형 + ものがある

あの歌手の歌には、人を感動させるものがある。
私の母校が閉校するらしい。なんだか寂しいものがある。

⚠ 주의! (시제가 현재일 때)
명사 + な + ものだから
な형용사 어간 + な + ものだから

🍎 보너스
동사 / 명사 / 형용사 보통형 + もの
~한 걸, ~인 걸
*시제가 현재일 때는 명사 / な형용사 어간 + だ + もの

135 　～ものだから　~이기 때문에, ~해서
접속　동사 / 명사 / 형용사 보통형 + ものだから

僕もやっと手に入れたものだから、簡単には渡せないよ。
急に好きだとか言われたものだから、慌ててしまった。

💡 Tip!
もんでとも言えます。

問題3　次の文章を読んで、文章全体の内容を考えて、 50 から 53 の中に入る最もよいものを、1・2・3・4から一つ選びなさい。

戦争などで苦しんでいる子どもたちを助けるために、世界を回っている杉原（すぎはら）さん。杉原（すぎはら）さんは、助けを求めている子どもがいれば、その子がどこに住んでいるか 50 、その子を助けに行く。「最初はちょっと怖かったですけどね。やっぱり、まだ戦争のあとが残っているところもありますし。 51 、こんなので 52 ！と、そのたびに自分に叫んでるんです。」と、この素晴（すば）らしい若者（わかもの）は、笑った。杉原（すぎはら）さんの言葉には、他人に希望を持たせる 53 。

50	1 もかまわず	2 もかまわなくて	3 にかかわらず	4 もかまわない
51	1 とりわけ	2 でも	3 そのため	4 そして
52	1 負けるものか	2 負けることか	3 負けるとか	4 負けるのか
53	1 ことがある	2 ことはある	3 場合がある	4 ものがある

1 괄호 안에 들어갈 문법 표현으로 알맞은 것을 고르세요.

1 大学に行く人（　　　）いれば、就職する人（　　　）いる。

　① も　　　② が　　　③ は　　　④ へ

2 彼は、私の手が汚いの（　　　）、私の手を握（にぎ）った。

　① もかまわず　② もかかわらず　③ もかかわらないで　④ もかかわって

2 다음 문장을 알맞은 순서대로 배열하세요.

1 ＿　＿　＿　＿。[- - -]

　① 大変なことも　② あるけど　③ 負けるものか　④ こんなことで

2 ＿　＿　＿　＿、嫌いな人もいる。[- - -]

　① 本を読むことが　② 人も　③ いれば　④ 好きな

3 다음 빈칸에 들어갈 것으로 알맞은 것을 고르세요.

1 森田（もりた）さんとは、どうしても性格的に合わない（　　　）。

　① ものか　② ものがあります　③ ものではない　④ ものだ

2 マナーモードにしていた（　　　）、気が付（つ）かなかったよ。

　① ものだから　② ものから　③ ものに　④ ものの

DAY 28　문형체크

136　～ものと思われる　~라고 여겨지다

접속　동사 / 명사 / 형용사 보통형 + ものと思われる

この鳥、あの木から落ちたものと思われます。
もうすぐ、原因が明らかになるものと思われます。

⚠ **주의! (시제가 현재일 때)**

명사 + である + ものと思われる
な형용사 어간 + な + ものと思われる

📖 **보너스**

～ものとは思われない
~라고는 여겨지지 않는다, ~라고는 볼 수 없다

137　～ものなら　~할 수 있으면

접속　동사 가능형 + ものなら

あの頃に戻れるものなら戻りたい。
話せるものなら話したいけど、できないよ。

138　～ものの　~하기는 했으나, ~하기는 했지만

접속　동사 / 명사 / 형용사 보통형 + ものの

一応、申し込んではみたものの、当たるとは思ってない。
一応、答えは全部書いたものの、合ってるかどうかはわからない。

⚠ **주의! (시제가 현재일 때)**

명사 + である + ものの
な형용사 어간 + な(である) + ものの

📖 **보너스**

동사 / 명사 / 형용사 + という + ものの
~라고는 해도

* 명사 / な형용사 현재형일 때는 명사 / な형용사 어간 + (だ) + ものの

139　～やら～やら
~이며 ~이며, ~이랑 ~이랑, ~(하)고 ~(하)고

접속　동사 사전형 + やら + 동사 사전형 + やら
い형용사 사전형 + やら + い형용사 사전형 + やら
명사 + やら + 명사 + やら

弟の部屋には、カバンやらノートやらが散らかっていて、とても落ち着かない。
娘は、妻が見えないと、泣くやらわめくやら、忙しい。

140　～ようで(は)　~할 것 같아서(는), ~해서(는)

접속　동사 / 명사 / 형용사 보통형 + ようで(は)

これくらいの簡単な問題もできないようでは、合格は難しいよ。
彼女は冷静なようで、実はそそっかしいです。

⚠ **주의! (시제가 현재일 때)**

명사 + の(である) + ようで(は)
な형용사 어간 + な(である) + ようで(は)

問題1　次の文の（　　　）に入れるのに最もよいものを、1・2・3・4から一つえらびなさい。

1　頑張って試験は受けた（　　　）、受かるかは自信ない。

1　ものの　　　　2　もので　　　　3　ものに　　　　4　ものだが

1 괄호 안에 들어갈 문법 표현으로 알맞은 것을 고르세요.

1 台風は、明後日、日本に上陸する(　　)。

① ものと思われます　② ものと思う　　③ ものと思います　④ ものと思い込みます

2 これくらいの計算もできない(　　)、入学してからが心配だ。

① ようでは　　　② ようと　　　　③ ように　　　　④ ようには

2 다음 문장을 알맞은 순서대로 배열하세요.

1 ＿＿ ＿＿ ＿＿ ＿＿。[　-　-　-　]

① 行ける　　　　② アメリカに　　③ ものなら　　　④ 行きたい

2 ＿＿ ＿＿ ＿＿ ＿＿散らかっている。[　-　-　-　]

① 机の上が　　　② ペンやら新聞やら　③ もので　　　④ いろんな

3 다음 빈칸에 들어갈 것으로 알맞은 것을 고르세요.

1 一応電話はかけた(　　)、何と言えばいいかわからない。

① ものの　　　　② ものなら　　　③ ものか　　　　④ ものなのに

2 姉の結婚が決まり、僕はうれしい(　　)寂しい(　　)、複雑な気持ちだ。

① やら、やら　　② にしても、にしても　③ にせよ、にせよ　④ とか、とか

DAY 29 📝 문형체크

141 〜ではないか ~하지 않겠는가

접속 동사 의지형 + ではないか

今からでも、始めようではないか。
一緒に探そうではないか。

142 〜ように ~하도록

접속 동사 사전형 + ように

みんなによく聞こえるように、彼は大きい声で話した。
明日は予定があるから、早く帰るように。

📖 **같이 알아두기**
〜ないように
~하지 않도록

143 〜ようにする ~하도록 하다

접속 동사 사전형 + ようにする

できるだけお酒を飲みすぎないようにします。
終わり次第、早く着くようにします。

📖 **같이 알아두기**
〜ようになる
~하게 되다

144 〜わけではない ~인 것은 아니다

접속 동사 / 명사 / 형용사 보통형 + わけではない

韓国人のすべてが、キムチ用の冷蔵庫を持っているわけではない。
日本人だからといって、みんながすしが好きなわけではない。

⚠️ **주의! (시제가 현재일 때)**
명사 + の(である) + わけではない
な형용사 어간 + な(である) + わけではない

145 〜わりに(は) ~에 비해서(는)

접속 동사 / 명사 / 형용사 보통형 + わりに(は)

このカバンは、値段のわりには、丈夫でたくさん入るからいい。
彼女は、小柄なわりに、意外と力がある。

⚠️ **주의! (시제가 현재일 때)**
명사 + の + わりには
な형용사 어간 + な
+ わりには

問題2　次の文の★に入る最もよいものを、1・2・3・4から一つ選びなさい。

① ＿＿ ★ ＿＿ ＿＿ 。

1　大学生の　　　2　すごい論文を　　　3　わりには　　　4　書くね

---

1 괄호 안에 들어갈 문법 표현으로 알맞은 것을 고르세요.

① さぁ、今日は何も考えず(　　　)ではないか！
　① 飲もう　　　② 飲む　　　③ 飲め　　　④ 飲めよう

② 家に帰ったら、手洗いとうがい、ちゃんとする(　　　)。
　① より　　　② ようで　　　③ ように　　　④ ようが

2 다음 문장을 알맞은 순서대로 배열하세요.

① 食事ごとに＿＿ ＿＿ ＿＿ ＿＿。[- - -]
　① この薬を　　　② して　　　③ ください　　　④ 飲むように

② 頑張って日本語を勉強して、＿＿ ＿＿ ＿＿ ＿＿。[- - -]
　① 今は　　　② 読めるように　　　③ 日本語の小説も　　　④ なりました

3 다음 빈칸에 들어갈 것으로 알맞은 것을 고르세요.

① 激しい運動をしている(　　　)、あまり痩せないね。
　① わりには　　　② にしても　　　③ にしたら　　　④ にせよ

② 大学に行ったからといって、必ず就職できる(　　　)。
　① わけにはいかない　② わけがない　　③ わけではない　　④ わけなのか

DAY 30 문형체크

146 〜を〜とする ~을/를 ~로 하다

접속 명사 + を + 명사 + とする

キムさんを委員会の代表とするという結果が出ました。
この大学を第1志望として、勉強してきたわけです。

보너스
〜を〜した + 명사
~을/를 ~로 한 명사

147 〜を契機に(として) ~을/를 계기로

접속 명사 + を契機に(として)

先生との面談を契機に、先生になろうと決めたのです。
昔見たドキュメンタリー番組を契機として、獣医になろうと決めました。

148 〜を問わず ~을/를 불문하고, ~에 관계없이

접속 명사 + を問わず

性別・年齢を問わず、経験者の方を募集しています。
国籍のいかんを問わず、英語ができるなら申し込めます。

149 〜を除いて(は) ~을/를 빼고(는)

접속 명사 + を除いて(は)

この勉強会は、土曜日を除いて毎日開かれているから、いつでも来てね。
火曜日を除いて、平日は全部アルバイトをしています。

150 〜をはじめ(として) ~을/를 비롯하여

접속 명사 + をはじめ(として)

環境問題には、空気汚染問題をはじめ、様々なものがあります。
うちの大学には、韓国をはじめ、アジアからの留学生が多い。

보너스
〜をはじめとする + 명사
~을/를 비롯한 명사

問題3　次の文章を読んで、文章全体の内容を考えて、50 から 53 の中に入る最もよいものを、1・2・3・4から一つ選びなさい。

偶然な出来事を 50 人生が変わったことはありませんか。私にはそんな経験があります。私にはこれとした夢がなかったですが、偶然見た映画がとてもよかったので、その日から映画監督を 51 。 52 、最初は親の反対もありましたし、映画を勉強することも大変でしたが、今このように、年齢・性別を 53 愛される映画を作ることができて、本当にうれしいです。

50	1 契機として	2 きっかけで	3 契機で	4 契機により
51	1 夢となりました	2 夢としました	3 夢にしていきました	4 夢でした
52	1 全然	2 ですが	3 もちろん	4 しかし
53	1 聞かず	2 言わず	3 話さず	4 問わず

1 괄호 안에 들어갈 문법 표현으로 알맞은 것을 고르세요.

1 年齢を(　　)、全国民に愛されてきた歌手でした。
　① 言わず　　② 話さず　　③ 聞かず　　④ 問わず

2 会社を辞めたことを(　　)、YouTubeを始めました。
　① 契機で　　② 契機に　　③ 契機へ　　④ 契機が

2 다음 문장을 알맞은 순서대로 배열하세요.

1 ＿　＿　＿　＿。[- - -]
　① 除いては　　　　　　② 話が
　③ 進まないじゃないですか　④ その問題を

2 あのチームには＿　＿　＿　＿。[- - -]
　① 市原さんをはじめ　② 多くいて　③ 有能な人が　④ うらやましい

3 다음 빈칸에 들어갈 것으로 알맞은 것을 고르세요.

1 水曜日は店の定休日ですので、その日を(　　)お越しください。
　① 除いて　　② 除くと　　③ 除いての　　④ 除きながら

2 市民会館で、大学生(　　)対象(　　)したセミナーが開かれました。
　① を、と　　② へ、と　　③ で、と　　④ に、と

정답 🗝 문자어휘편

DAY 01

1   3   그 나라에서 월드컵이 개최되게 되었습니다.

1
- 1 ④ [기술]
- 2 ③ [과잉]
- 3 ② [개정]
- 4 ⑤ [경유]
- 5 ① [관찰]

2
- 1 ① 식습관의 개선이 필요합니다.
- 2 ③ 경유하면 비행기 값이 싸져.
- 3 ② 의외로 규모가 큰 회사였습니다.

3
- 1 ③ 사장님은 월급 인상 요구를 거부했다.
- 2 ④ 인간 몸의 구조는, 정말 신기하네요.
- 3 ① 신문에 실린 구인 광고를 봤습니다.

DAY 02

1   1   틀린 데이터는 삭제해 주세요.

1
- 1 ④ [변경]
- 2 ② [복지]
- 3 ③ [반성]
- 4 ⑤ [무역]
- 5 ① [밀폐]

2
- 1 ① 그 문제를 둘러싸고 의론이 펼쳐지고 있다.
- 2 ④ 자기 실력을 발휘해 주세요.
- 3 ③ 근처에 방재용품을 파는 가게가 있다고 해.

3
- 1 ② 여기는 커피 명소로 유명하다고 합니다.
- 2 ① 보충하여 설명하겠습니다.
- 3 ① 도서관으로 책을 반납하러 간다.

DAY 03

1   2   여러 사정에 의해, 이번 회의는 중지되었습니다.

1
- 1 ② [수확]
- 2 ① [손해]
- 3 ④ [완료]
- 4 ⑤ [예측]
- 5 ③ [오염]

2
- 1 ③ 그 아이는 예의가 바르다.
- 2 ③ 물가가 안정되고 있습니다.
- 3 ① 겉모습으로 사람을 판단하는 것은 좋지 않아요.

3
- 1 ① 마틴 루터 킹의 연설을 듣고 있어요.
- 2 ④ 서로의 이익을 생각합시다.
- 3 ④ 그래서, 결국 이것의 용도는 뭐야?

DAY 04　　1　　4　　이 일은 조금 작업 시간이 길게 걸릴 것 같습니다.

1　1　①　[장치]
　　2　②　[자세]
　　3　④　[우연]
　　4　⑤　[원조]
　　5　③　[전개]

2　1　②　거래처에 재촉 메일을 보내야만 한다.
　　2　③　그 나라의 독립을 둘러싸고, 전쟁이 일어났다.
　　3　②　이 스위치, 어쩐지 접촉이 나쁘네.

3　1　②　병의 치료에만 전념해.
　　2　①　그 선수는 내일 대회로 은퇴한다는 것 같아.

DAY 05　　1　　4　　여행 때 쓰고 남은 주화(동전)를 가지고 왔어요.

1　1　④　[제조]
　　2　②　[증상]
　　3　③　[창조]
　　4　⑤　[추가]
　　5　①　[추첨]

2　1　①　그 법률은 국민에게 높은 지지를 받고 있다.
　　2　②　상대의 문화를 존중하는 것은 중요합니다.
　　3　④　시험 전이라, 최근 매일 철야로 공부하고 있다.

3　1　③　축구 중계방송을 준비하고 있습니다.
　　2　②　저희 호텔에서는 샴푸와 바디 크림을 제공하고 있습니다.

DAY 06　　1　　2　　인터넷을 해약했다.

1　1　②　[충돌]
　　2　⑤　[파편]
　　3　④　[평판]
　　4　③　[폐지]
　　5　①　[피부]

2　1　③　인간은 모두 평등합니다.
　　2　②　우리 학교에서는 매년 중학교와 고등학교가 함께 합동 운동회를 한다.
　　3　②　'신드롬'은 일본어로는 사회 현상이라고 한다.

3　1　①　딸의 학교는 올해부터 교복을 폐지했다.
　　2　②　차끼리 충돌했다.
　　3　④　그 모델은 피부가 깨끗한 것으로 유명하다.

DAY 07

1   3   사람을 만나면 가볍게 인사합시다.

1
- 1 ②　[공무원]
- 2 ⑤　[경치]
- 3 ④　[다름, 틀림]
- 4 ③　[구역질]
- 5 ①　[대사]

2
- 1 ④　화장실은 통로 바로 앞쪽에 있습니다.
- 2 ③　처음엔 어렵더라도 노력하면 분명 잘하게 될 거야.
- 3 ③　좀 더 빨리 일을 끝낼 수 있는 방법을 궁리해 보자.

3
- 1 ①　가장 가까운 역은 어디입니까?
- 2 ②　나는 공무원으로 일하고 있습니다.
- 3 ①　나의 고장은 사과로 유명합니다.

DAY 08

1   2   간단한 문제라고 해서 방심해서는 안 된다.

1
- 1 ①　[바로 곁, 직전]
- 2 ④　[사양, 겸손]
- 3 ②　[방해]
- 4 ③　[모습, 모양]
- 5 ⑤　[생각한 대로, 예측한 대로, 아니나 다를까]

2
- 1 ①　바닥이 미끄러우므로, 발치를 조심해 주세요.
- 2 ①　너무 걸어서 땀이 났다.
- 3 ①　제 성은 김입니다.

3
- 1 ①　예측한 대로, 그 팀은 졌다.
- 2 ②　출발 직전에 전화가 왔다.
- 3 ④　이 모자, 멋있어? (모양 괜찮아?)

DAY 09

1   4   유럽풍 인테리어가 최근 유행하고 있네요.

1
- 1 ③　[언덕]
- 2 ①　[수치, 부끄러움]
- 3 ②　[약불]
- 4 ⑤　[얼굴 모양과 몸매]
- 5 ④　[인파로 북적임]

2
- 1 ④　내 방을 일본풍으로 인테리어해 보았다.
- 2 ①　이 정원은 잘 관리되어 있네요.
- 3 ③　부모로서의 역할을 다하기 위해, 아이와 마주하기로 했습니다.

3
- 1 ①　무리하지 말고, 조금 숨 돌리고 와.
- 2 ①　그 사람은 인품도 용모도 좋다.
- 3 ④　연상에게는 예의 바르게 대합시다.

DAY 10

1 1 최근 저출산으로 인구가 줄고 있다.

1
- 1 ③ [주최, 회합, 행사]
- 2 ① [초심자, 초보자]
- 3 ⑤ [표지, 표적]
- 4 ② [행방]
- 5 ④ [잘못]

2
- 1 ① 자기 자신에게 자부심과 자신을 갖고 살아갑시다.
- 2 ④ 올해 복주머니도 기대된다.
- 3 ② 이 사건에 대해 뭔가 짐작가는 것은 없습니까?

3
- 1 ④ 불조심.
- 2 ① 잘못(오류)를 발견하면 바로 연락 주세요.
- 3 ① 낮 동안은 늘 집 청소로 바쁩니다.

DAY 11

1 3 일본인이 가장 잘 가는 외국의 랭킹을 발표했다.

1
- 1 ④ [구조 조정]
- 2 ⑤ [공간, 여백, 장소]
- 3 ③ [붐, 유행]
- 4 ② [밸런스, 균형]
- 5 ① [렌탈, 대여]

2
- 1 ③ 저 사람은 약간 마이페이스적인 부분이 있습니다.
- 2 ② 매스컴에 거론되다.
- 3 ② 춤을 잘 추고 싶다면, 먼저 노래의 리듬을 잘 익히지 않으면 안 돼.

3
- 1 ② 긴장하지 마. 긴장 풀어.
- 2 ① 소비자의 니즈를 조사하고 있습니다.

DAY 12

1 3 젊은 남성을 타겟으로 한 제품입니다.

1
- 1 ④ [스태프, 직원]
- 2 ③ [실수]
- 3 ② [칼로리]
- 4 ⑤ [포인트, 요점]
- 5 ① [오리지널]

2
- 1 ② 아이에게 너무 공부로 압박 주지 않는 편이 좋다.
- 2 ① 엄마는 경품에 당첨되었는지 확인이라도 하는 것처럼, 매일 아침 우체통을 보고 있다.
- 3 ② 고백할 타이밍을 잡지 못해서 곤란하다.

3
- 1 ② 그 패스가 골로 이어진 것이다.
- 2 ① 사람과 잘 커뮤니케이션을 하기 위해서는 어떡하면 될까요?

DAY 13

1 3 도구는 다 갖춰졌다. (모였다.)

1
1. ④ [기르다, 부양하다]
2. ② [굳히다, 확고히 하다]
3. ⑤ [거두다, 얻다]
4. ③ [거절하다]
5. ① [겹쳐지다]

2
1. ① 실력을 경쟁하다.
2. ② 머리에 시험 내용을 가득 채워 넣다.
3. ③ 한 번 실패한 정도로 그렇게 고개 숙이지 마. (낙담하지 마.)

3
1. ④ 트러블을 극복하다.
2. ① 제안은 감사하지만, 이번에는 거절하겠습니다.
3. ① 대기업에 고용되었습니다.

DAY 14

1 3 운이 다했다.

1
1. ① [놀라다]
2. ③ [다가오다, 육박하다]
3. ② [도망가다]
4. ⑤ [덜다]
5. ④ [다하다, 진력하다]

2
1. ① 이번에 또 늦게 돌아오면, 용돈 깎을 테니까! (깎을 거야!)
2. ① 마감일이 다가왔는데도, 아무것도 안 했어.
3. ② 끼어들어서는 안 돼. 순서를 지키자.

3
1. ③ 당신과 나는 생각이 다르다.
2. ② 1위를 둘러싸고 다투다.
3. ② 이 자료 내용이 맞는지 재검토해 봐.

DAY 15

1 1 화과자를 싼 종이를 벗겨내고 있다.

1
1. ② [뜨다]
2. ① [바라다, 소망하다]
3. ③ [뒤떨어지다]
4. ⑤ [맞히다, 당첨하다, 대다, 얹다]
5. ④ [떠오르다]

2
1. ② 누가 불러서 뒤를 돌아보았다.
2. ① 담당자의 지시에 따라 작업을 진행해 주세요.
3. ② 이 약은 감기에 잘 듣는다.

3
1. ③ 그는 우수한 언어능력을 갖고 있다.
2. ④ 엄마한테서 떨어지면 안 돼.
3. ③ 그 건에 대해, 야스다 씨에게 질문하기로 했다.

DAY 16

1   4   그렇게 좋아했는데, 왠지 지금은 완전히 식었어.

1
- 1 ④ [비교하다, 대조하다]
- 2 ② [속하다]
- 3 ⑤ [보충하다]
- 4 ③ [베풀다]
- 5 ① [방문하다]

2
- 1 ④ 잼에 설탕은 빼놓을 수 없는 재료입니다.
- 2 ③ 실수하면 숨기지 말고 얘기해.
- 3 ① 약속시간까지 좀 여유가 있네. 어디서 시간을 때우지?

3
- 1 ④ 그렇게 사람 얼굴을 바라보면 실례잖아.
- 2 ③ 선생님이 나를 불러 세웠다.
- 3 ① 공사에 의한 소음이 말소리를 지워 버렸다.

DAY 17

1   1   겨우 작업을 완성할 수 있었어.

1
- 1 ① [얻다]
- 2 ④ [어지럽히다]
- 3 ③ [완수하다, 다하다]
- 4 ⑤ [유지하다]
- 5 ② [응석을 받아주다]

2
- 1 ③ 아직 마감까지 시간 있는데 왜 그렇게 초조해 해?
- 2 ① 우리 딸은 블록을 쌓는 것을 정말 좋아한다.
- 3 ③ 못 입게 된 옷을 여동생에게 양보했다. (물려줬다.)

3
- 1 ② 방을 어지럽혀서는 안 된다.
- 2 ① 그 아이를 생각하면 마음이 아프다.
- 3 ④ 이 지역은 매우 추워서, 강도 얼어 버린다.

DAY 18

1   2   공부를 잘 한 사람에게 우수상을 수여하다.

1
- 1 ⑤ [지장이 있다]
- 2 ① [좌절하다, 채여 넘어지다]
- 3 ② [점유하다, 차지하다]
- 4 ③ [지다, 패배하다]
- 5 ④ [줄다]

2
- 1 ② 오늘은 지각도 안 했고, 상사한테도 칭찬받았고, 운이 좋네.
- 2 ① 선거에 패한 이유는 뭐라고 생각하시나요?
- 3 ② 울세탁을 안 하니까, 스웨터가 전부 줄어들었잖아!

3
- 1 ① 어린이의 권리를 지키는 모임.
- 2 ③ 휴대전화를 주우면 파출소로 와 주세요.

DAY 19

1 1 이 노래는 몇 번 들어도 안 질려.

1
- **1** ⑤ [힘쓰다]
- **2** ③ [초대하다]
- **3** ④ [탁하게 되다, 흐려지다]
- **4** ② [통하다, 연결되다]
- **5** ① [치우다, 넣다, 끝내다]

2
- **1** ① 저희 가게는 국내산 돼지고기만 취급합니다.
- **2** ③ 한번 흐트러진 생활 리듬을 되돌리는 것은 어렵다.
- **3** ① 또 저 사람은 그 문제를 문제 삼고 있어. 다 끝난 이야기인데.

3
- **1** ① 그녀와 나는 말이 잘 통한다.
- **2** ③ 수상한 사람이 있으니까, 이 길을 피해서 가자.

DAY 20

1 3 인간관계가 귀찮다고 느낄 때, 누구라도 있죠.

1
- **1** ① [느리다, 더디다]
- **2** ③ [눅눅하다]
- **3** ② [거칠다]
- **4** ④ [밉다]
- **5** ⑤ [묵직하다]

2
- **1** ④ 아들의 눈부신 성장에, 우리들 부부는 감격했다.
- **2** ② 생각지도 못한 선물에 나는 기쁜 나머지 눈물이 나와 버렸다.
- **3** ① 네가 내 곁에 있어 주어서 나는 매우 마음이 든든해.

3
- **1** ② 이 방은 너무 좁아서 답답하다.
- **2** ② 이 녹차 미지근해졌으니까 버려줄래?
- **3** ① 날카로운 의견 감사했습니다.

DAY 21

1 4 카네시로 씨는 주의 깊은 성격입니다.

1
- **1** ③ [부드럽다]
- **2** ⑤ [어울리다, 알맞다]
- **3** ④ [뻔뻔하다]
- **4** ① [힘차다, 마음 든든하다]
- **5** ② [소중하다, 귀중하다]

2
- **1** ② 이가 아플 때는, 두부 등 부드러운 것을 먹는 편이 좋습니다.
- **2** ③ 태풍의 영향으로 바람과 비가 심하다.
- **3** ① 그 사람의 제스처는 어딘가 인위적이고 자연스럽지가 않아.

3
- **1** ① 이 음악은 매우 소란스러워.
- **2** ③ 그런 뻔뻔한 발언, 취소해 주세요.
- **3** ① 때와 장소에 따라서, 그 장소에 알맞은 복장을 해야만 합니다.

DAY 22

1 1   근소한 차이로 졌다. 아까워!

1
- 1 ① [말이 없다]
- 2 ② [다행이다]
- 3 ③ [가까이 두다, 관계가 깊다]
- 4 ④ [대폭이다]
- 5 ⑤ [귀중하다]

2
- 1 ④ 오늘은 일이 많아서 녹초가 되었어.
- 2 ③ 무엇이든 냉정하게 생각해야만 한다.
- 3 ① 드물게 있는 일입니다.

3
- 1 ③ 그 사람은 시간에 루즈하다.
- 2 ④ 독특한 분위기가 있네.
- 3 ③ 타나카 씨는 말수가 적고 어른스럽다.

DAY 23

1 1   이 나라는 매년 성대한 여름 축제를 한다.

1
- 1 ① [묘하다]
- 2 ② [부자유스럽다]
- 3 ③ [비참하다]
- 4 ④ [밀접하다]
- 5 ⑤ [사치스럽다, 호화롭다, 분에 넘치다]

2
- 1 ④ 안도 선생님? 아, 그 키 작고 몸집 작은 사람 말이지.
- 2 ① 나는 손재주가 없어서, 뜨개질도 잘 못해요.
- 3 ④ 그는 무책임한 사람이다.

3
- 1 ③ 새로운 핸드폰을 사고 싶다던가, 그런 사치스러운 이야기 하지 마.
- 2 ① 뭔가 질문이 있으시면 언제든 가볍게(부담없이) 연락해 주세요.
- 3 ① 그럼, 수직으로 선을 그어 주세요.

DAY 24

1 1   일은 순조로워요.

1
- 1 ② [영구하다]
- 2 ① [억지로 하다, 무리하게 하다]
- 3 ③ [유연하다]
- 4 ⑤ [유치하다]
- 5 ④ [의심스럽다]

2
- 1 ① 이 원피스는 디자인도 귀엽고 가격도 적당했어.
- 2 ② 자격증을 따 두면 취직에 유리해.
- 3 ① 이 포인트 카드는 2년간 유효합니다.

3
- 1 ② 신중하게 생각해서 정하렴.
- 2 ② 쓸데없는 돈을 써 버렸다.
- 3 ④ 최근 이 주변에 의심스러운 사람이 어슬렁거린다고 해. 조심해.

DAY 25 1 3 자연이 풍요로운 거리(동네)에서 나고 자랐습니다.

1
- 1 ③ [이상하다]
- 2 ④ [적당하다]
- 3 ⑤ [추상적이다]
- 4 ② [훌륭하다, 멋지다]
- 5 ① [희미하다, 미약하다, 어렴풋하다]

2
- 1 ② 풍부한 재료로 만든 특선 스튜입니다.
- 2 ① 그녀는 활발한 성격이다.
- 3 ④ 그의 의견은 획기적이었다.

3
- 1 ① 버릇없는 아이로는 키우고 싶지 않아요.
- 2 ③ 화려한 인생을 보내고 싶어요.
- 3 ① 멋지게 성공했습니다.

DAY 26 1 2 이건 단순한 소설에 지나지 않습니다.

1
- 1 ① [곧, 즉각]
- 2 ⑤ [과감히]
- 3 ② [꽤, 상당히, 슬슬, 적당히, 어지간히]
- 4 ③ [늘, 끊임없이]
- 5 ④ [나중에]

2
- 1 ③ 자료를 작성하는 작업은 거의 끝났습니다.
- 2 ① 그럼, 나중에 연락 드리겠습니다.
- 3 ① 성공하는 것이 얼마나 어려운 일인지 절실히 느낀 것이다.

3
- 1 ① 아이고 아니요, 전 단지 역사를 좋아하는 회사원일 뿐이에요.
- 2 ③ 가게를 열었지만, 전혀 손님이 오지 않는다.
- 3 ① 몸이 나빠서 일을 쉬었으니까 말이지. 당분간 야근은 무리일 거야.

DAY 27 1 1 대강 짐 꾸리기가 끝났으니까 지금은 좀 쉴까.

1
- 1 ① [대강, 얼추, 대충]
- 2 ③ [더욱더, 다시, 거듭]
- 3 ② [대폭]
- 4 ④ [몸소, 스스로]
- 5 ⑤ [미리, 사전에]

2
- 1 ① 어떡해. 나 그를 더욱더 좋아하게 되었어.
- 2 ① 일본에 올 일이 있을 경우에는 사전에 연락하겠습니다.
- 3 ① 비교적 금방 끝났으니까 괜찮아.

3
- 1 ④ 내일은 또 무슨 일이 일어날까, 두근두근해.
- 2 ③ 일 제안, 단호히 거절당했어.

DAY 28

1 1 나는 단지 멍하니 하늘을 바라보고 있었다.

1
1. ③
2. ①
3. ②
4. ⑤
5. ④

2
1. ④ 이 일 간단할 것 같았는데, 상당히 어려웠어.
2. ① 세계의 여기저기를 여행하는 것이 꿈이에요.
3. ④ 여하튼, 요리는 맛있었으니까 됐잖아.

3
1. ① 실로 훌륭한 젊은이로다.
2. ③ 저 두 사람, 뭔가 소근소근 이야기하고 있어.

DAY 29

1 1 벌써 알고 있었어요.

1
1. ①
2. ②
3. ④
4. ③
5. ⑤

2
1. ③ 아무리 일이 많아도, 차근차근 해 나가면 언젠가 끝날 거야.
2. ② 요즘에는 일부러 헐렁헐렁한 옷을 입는 게 유행하는 것 같네.
3. ④ 확실히 말해서, 그 핀은 안 귀여워.

3
1. ② 일이 전혀 끝나지 않아.
2. ① 일찍이, 이곳은 밭이었다.

DAY 30

1 2 소비가 늘고 있다. 즉, 경제가 좋아지고 있다는 것이다.

1
1. ③ [~순]
2. ① [~관]
3. ② [이~]
4. ④ [재~]
5. ⑤ [주~]

2
1. ③ 일요일에 TV에서는 재방송만 하니까 재미없다.
2. ② 이문화(다른 문화)에 대한 이해를 깊이 할 필요가 있다.
3. ① 서로의 가치관을 인정하는 것이 중요해요.

3
1. ① 갑자기 호스에서 물이 나와서, 흠뻑 젖어 버렸다.
2. ① 이게 고작이야.

정답 🔑 문법편

DAY 01
1 2 경기는 나날이 나빠지기만 하고 있다.

1
- **1** ① 저출산으로 인해, 학교에 입학하는 어린이의 수는 줄어들고 있기만 하다.
- **2** ② 실컷 걸은 끝에, 가게가 닫혀 있어서 아무것도 살 수 없었다.

2
- **1** ④-①-③-② 스스로 유학을 가겠다고 정한 이상은, 제대로 준비해야만 한다.
- **2** ②-③-④-① 해외여행을 갈 때 필요한 건 무엇이 있나요?

3
- **1** ③ 그녀는 백화점에서 일하고 있는데, 서비스업이라는 업무상, 주말에는 쉴 수 없다.
- **2** ④ 면접을 볼 때 가장 주의해야만 하는 것은 무엇이라고 생각하나요?

DAY 02
1 1 물은 인간이 살아가는 데에 빠뜨릴 수 없는 것이다.

1
- **1** ② 그 건은 그 이외에 누구도 알 수 없는 정보라고 생각합니다.
- **2** ④ 모처럼 와 줬는데, 우리 쪽 준비 부족으로 불쾌한 마음을 들게 해서 정말 미안해.

2
- **1** ④-③-②-① 이 역에 특급 열차는 3분마다 온다.
- **2** ③-①-④-② 2시간이나 기다린 보람이 있어, 이곳의 인기 메뉴를 먹을 수 있었다.

3
- **1** ① 이제 곧 크리스마스네. 크리스마스에는 역시 케이크를 빠뜨릴 수 없지.
- **2** ① 태풍이 올 수도 있으니까, 그를 위한 대책도 생각해 두자.

DAY 03
- **50** 1
- **51** 3
- **52** 2
- **53** 1

세계에는 많은 향신료가 있다. 그중에서 동남아시아 요리에 빠뜨릴 수 없는 것은 무엇일까. 그것은 고수라는 것으로, 우리들 일본인에게는 익숙하지 않은 것이지만, 동남아시아의 사람에게는 매우 인기 있는 향신료이다. 나도 처음에는 아무리 해도 먹을 수 없었지만, 지금은 매우 맛있게 먹을 수 있게 되었다. 처음 동남아시아에 왔을 때는 고수가 들어있다는 것만으로 막 먹기 시작했던 요리를 그대로 남겨 버렸던 적도 있었지만, 지금은 마치 옛날이야기와 같다.

1
- **1** ② 내가 알고 있는 한, 그는 이직하지 않았다.
- **2** ③ 슈퍼? 알겠어. 산책하는 겸 다녀올게.

2
- **1** ④-②-③-① 엄마는 꽃집에서 시들기 시작한 꽃을 사 오는 버릇이 있다.
- **2** ②-④-③-① 아이는 겨우 울음을 그쳤나 싶더니 다시 울기 시작했다.

3
- **1** ① 남편은 너무 피곤했던 건지, 소파에 앉자마자 잠이 들어 버렸다.
- **2** ② 운동하는 겸, 옆 동네에 있는 드럭스토어까지 갔다 왔어.

DAY 04
1 2 엄마는 누군가를 기다리는 것처럼 창밖을 보고 있다.

1
- **1** ① 오늘은 너무 추워서 마치 냉동고에 있는 것 같다.
- **2** ② 그 라면은 겉모습부터 매우 보이네요.

2
- **1** ①-③-②-④ 그녀의 복장으로 보아, 오늘은 데이트일 거라고 생각해요.
- **2** ③-④-①-② 시험이 끝났다고 해서 공부하지 않아도 되는 건 아니야.

3
- **1** ① 확실히, 그가 말하는 것은 올바른 건 아니었어. 그렇다고 해서, 그가 바보 취급을 받아도 된다는 건 아니야.
- **2** ① 딸은 TV에 들어갈 것처럼 TV 바로 앞에서 애니메이션을 보고 있다.

DAY 05

1 　3　　　스스로 하겠다고 결정한 이상은 포기할 수는 없다.

1　**1** ①　　　이 마을 인구는 1월 현재로 600명입니다.
　　2 ②　　　카토 씨와는 작년 이맘때 딱 한 번 만났을 뿐입니다.

2　**1** ②-①-④-③　최근 도서관의 이용자 수가 감소 경향에 있다.
　　2 ②-③-④-①　딸은 외로운 듯한 얼굴로 나와 남편을 바라보았다.

3　**1** ②　　　그는 의미심장하게 웃었다.
　　2 ①　　　스스로 자취하겠다고 정한 이상은, 정신 차려야지.

DAY 06

50　3
51　1
52　2
53　3

나는 옛날부터 일본에 살아보고 싶었습니다. 그래서 대학 시절에 교환학생을 신청했습니다만, 슬프게도 교환학생에는 떨어져 버렸습니다. 하지만 나는 거기에 낙담하지 않고, 일본어 공부에 힘썼습니다. 그 결과, 일본 기업에 취직해서, 지금은 일본에서 일을 하고 있습니다. 그러니까 여러분, 지금 자기가 하고 싶은 일을 하지 못했다고 해서, 낙담할 필요는 없습니다. 노력하면 반드시 찬스가 오니까요.

1　**1** ④　　　머리가 좋은 그이니까, 이번 시험도 좋은 점수였을 것이다.
　　2 ①　　　유감스럽게도, 그는 병으로 결혼식에 출석할 수 없었습니다.

2　**1** ①-②-③-④　괜찮아. 내가 실수한 것일 뿐이니까. 당신이 내게 사과할 필요는 없어.
　　2 ③-②-①-④　손주에게 상냥한 아버지이니까, 이번 일도 분명 용서해 줄 것이다.

3　**1** ①　　　이제 도망갈 데는 없어. 그대로 저항하지 말고 나와.
　　2 ①　　　이 호텔은 방은 좁지만, 매우 마음이 편하다.

DAY 07

1　3　　　앞으로 평가가 어떻게 될지는, 네게 달렸다.

1　**1** ④　　　실수했으니까, 싫어도 부장님에게 보고하지 않을 수 없어.
　　2 ①　　　그러면, 점검이 끝나는 대로 알려드리겠습니다.

2　**1** ①-③-②-④　내일 날씨의 변화에 따라서는, 이벤트는 중지될지도 모릅니다.
　　2 ②-④-①-③　경제 상황도 점차로 좋아질 것이라고 생각한다.

3　**1** ①　　　일정이 수정되었기에, 다시 연락드린 것입니다.
　　2 ①　　　그녀는 자신의 일을 정말 좋아했다. 하지만, 부상으로 인해 결국 일을 그만둘 수밖에 없었다.

DAY 08

1　1　　　오랜 세월 고생해서 쓴 책인 만큼, 매출이 좋아서 안심했다.

1　**1** ①　　　내일 파티를 기대하고 있었던 만큼, 중지가 된 건 유감이었다.
　　2 ①　　　그녀는 그야말로 팀의 리더인 만큼, 매우 야무진 사람이다.

2　**1** ②-③-①-④　합격할 것이라고 생각도 하지 않고 있었던 만큼, 합격했다고 알고 깜짝 놀랐다.
　　2 ①-③-②-④　내일이 시험인데, 교과서조차 한 번도 읽지 않았어.

3　**1** ①　　　이것저것 고민한 끝에, 대학원에 가기로 했습니다.
　　2 ②　　　좋은 성적이 나오면, "역시 팀의 주장은 다르다!"라고 칭찬하는 주제에, 조금이라도 성적이 내려가면 바로 비난해 버리는 것은, 어떨까 하고 생각하는 것이다.

DAY 09

50	1
51	1
52	3
53	2

아르바이트를 시작했을 즈음, 내 실수로 고객님께 불쾌한 마음을 느끼게 한 일이 있었습니다. 그때, 점장님이 나 대신 고객님께 사과했습니다. 나는, "내가 실수한 탓으로 점장님에게 폐를 끼쳤다"는 생각에 매우 낙담해 있었습니다. 그러나 점장님은, "다음부터 힘내"라고 말하면서 상냥하게 웃어 주었습니다. 지금도 그것은, 매우 따뜻한 기억입니다. 점장님은, "그런 일이 있었던가?"하고 웃기만 하지만요.

1
- **1** ① 집에 가려고 했더니 사장님에게 호출되었다.
- **2** ① 죽을 생각으로 노력하면, 뭐든 할 수 있어.

2
- **1** ④-③-②-① 이제 와서 그녀에게 사과한들, 이미 늦었어.
- **2** ①-③-②-④ 딸은 마치 엄마라도 된 셈으로, 남동생에게 밥을 먹이고 있다.

3
- **1** ① 어제, 가방에 물을 쏟는 바람에 오늘 가져갈 가방이 없다.
- **2** ① 있잖아, 오늘 영어 숙제 있었던가? 잘 기억이 안 나.

DAY 10

1 4 전기 켜 둔 채로 자 버렸다.

1
- **1** ① 이 구두, 비쌌는데 왠지 싸 보이네.
- **2** ② 지금도 여기는 계속 변화하고 있어.

2
- **1** ③-④-②-① 금방 화내는 부분을 고치고 싶다고 생각하고 있어.
- **2** ②-④-③-① 집중해야 한다고 생각하면서, 집중하지 못하고 있다.

3
- **1** ③ 매년 일본에 오는 외국인의 수는 늘고 있다.
- **2** ① 조금 어른처럼 보이고 싶어서, 화장을 열심히 해 봤다.

DAY 11

1 2 나에게는 아무리 무리를 해서라도 돈을 벌어야만 하는 이유가 있다.

1
- **1** ① 틀리는 것을 두려워해서는, 일본어는 잘할 수 없어.
- **2** ④ 집을 팔아서라도 너는 대학에 보낼 거니까, 걱정하지 마.

2
- **1** ④-②-①-③ 일로 복잡한 일이 많아서 머리가 너무 아프다. 정말 힘들다.
- **2** ①-③-②-④ 나는 대학에 입학한 이래, 한 번도 고향에 돌아가지 않았다.

3
- **1** ① "일은 무리를 해서라도 전부 끝내야 한다"고 생각하는 사람은 없습니까?
- **2** ① 지갑이 없어졌다고? 어딘가에 떨어뜨린 거 아니야?

DAY 12

50	2
51	1
52	3
53	4

고용불안정 문제가 심각해지고 있다. 그런 중에, 최근에는 어느 기업에서 부당한 이유를 들어 해고를 해서, 결국 소송당했다고 한다. 기업은 "불경기에 인건비를 줄이기 위해서는 어쩔 수 없었다"고 해고의 이유를 서술했지만, 아무리 상황이 나쁘다고 해서, 그런 치사한 해고 방식을 취해 버리면, 비난받아도 어쩔 수 없다. 불경기라고 해서 모든 행위가 용서받는 것은 아니다. 사람에 대한 존중을 잊지 않았으면 한다.

1
- **1** ④ 이제 와서 후회해도 어쩔 수 없다.
- **2** ④ 그것이 어른이라는 것이다.

2
- **1** ④-③-①-② 마감은 다음 주 월요일이지만, 반드시 그날 제출해야 하는 것은 아니다.
- **2** ①-③-②-④ 그 가게는 카페라기보다 마치 식당에 가까웠다.

3
- **1** ② 후지모토 선생님에게는 아무리 말해도 소용없어. 들어주지 않으시니까.
- **2** ② 딸들은 누가 '엄마' 역을 할지 진지하게 정하고 있었다. 그것은 '놀이'라기보다는 마치 '회의' 같았다.

DAY 13

1 　4　　그녀는 심한 말을 들었음에도 불구하고 울기는커녕 웃어 보였다.

1
- **1** ②　파티에는 빵이나 과자 따위의 가볍게 먹을 수 있는 간식이 많이 있었다.
- **2** ②　내일부터 출장을 간다면서, 아버지는 바빠 보였다.

2
- **1** ③-①-②-④　아버지가 요리를 할 수 있다고 해도, 계란 프라이 정도입니다.
- **2** ①-④-③-②　이 가게에서는 닭튀김이나 소고기 감자조림과 같은 간단한 반찬거리를 팔고 있다.

3
- **1** ①　카레라이스를 만들 수 있다고 해도, 인스턴트 카레이지만 말이야.
- **2** ④　딸은 아버지에게 혼나도 낙담하기는커녕 언제나 밝게 웃는다.

DAY 14

1　4　　그렇게 느긋하게 있을 때가 아니야. 큰일 났다니까.

1
- **1** ④　외출하려고 하는 참에 짐이 도착했다.
- **2** ②　이유를 말하지 않고 3번 지각하면, 1번 결석한 것으로 하겠습니다.

2
- **1** ②-③-①-④　그녀가 웃고 있는 것을 보면, N2에 합격한 것이 틀림없다.
- **2** ①-③-②-④　여러 가지로 의견이 갈렸지만, 오오시마 씨가 다음 사장이 되었다.

3
- **1** ①　다음 레포트 주제는 중국과 일본의 관계로 하겠습니다.
- **2** ③　다음 달, 토요일 출근하게 되었습니다.

DAY 15

50	2
51	1
52	1
53	4

아무리 강한 팀이라고 해도, 항상 이긴다고는 할 수 없습니다. 공부도 그렇습니다. 처음에는 집중도 안 되고, 의미도 몰라 고생해도, 포기하지 않고 꾸준히 해 나가다 보면 언젠가 원리를 알게 되어, 그야말로 "유레카!"라고 외치고 싶어지는 날이 올 것입니다. 그러니까, 아무리 힘들더라도 공부를 포기하지 말아 주세요.

1
- **1** ②　아무리 졸리다고 해도, 수업 중에 자서는 안 되지 않은가.
- **2** ③　작년 우승자가 올해도 또 우승할 거라고는 할 수 없다.

2
- **1** ①-②-③-④　아무리 슬프더라도 나이를 먹을 대로 먹은 어른이 사람들 앞에서 울다니!
- **2** ④-②-③-①　그러니까, 그 책을 직접 읽어보지 않고서는 뭐라고도 할 수 없어.

3
- **1** ④　아무리 우수한 하시모토 씨라고 해도, 이 문제는 해결할 수 없을 거야.
- **2** ①　조사하지 않으면, 누가 범인인지는 알 수 없다.

DAY 16

1　2　　대학 입학에 즈음해서 양복을 사러 왔다.

1
- **1** ①　미치에다 씨가 말하는 것도 이해되지 않는 것은 아니다.
- **2** ②　다행이다. 지갑 잃어버린 거, 아버지에게 안 들키고 끝났다.(안 들켰다)

2
- **1** ①-③-④-②　어-. 졸업에 즈음하여 여러분께 드리고 싶은 말은 이겁니다.
- **2** ①-③-④-②　아카미네 선생님은, 내게는 은사에 해당하는 소중한 분이다.

3
- **1** ①　네 그 마음, 모르는 건 아닌데, 지금은 참아야만 해.
- **2** ①　딸의 졸업식에 즈음하여, 하카마(개량형 기모노)를 사러 왔습니다.

DAY 17

1	3	일본 여행을 가고 싶다면, 교토가 제일이다.

1
- **1** ① 일본 문화 연구에서, 그녀만큼 자세한 사람은 없을 것이라고 생각한다.
- **2** ③ 이 꽃은 시간에 따라서 색이 변합니다.

2
- **1** ①-③-④-② 하고 싶은 것이 있다면 성공할지 하지 않을지에 관계없이 도전해 보는 것이다.
- **2** ①-③-④-② 부장님이 이렇게 화가 나 있을 때는, 아무것도 말하지 않고 가만히 있는 게 제일이다.

3
- **1** ④ 젊을 때는 무엇이든 경험해 보는 것이 제일이다.
- **2** ② 요금은 희망하시는 플랜에 따라 여기서 고르실 수 있습니다.

DAY 18

50	2	아들이 대학을 졸업함에 앞서, 정장을 사러 갔을 때의 일이다. 가게 앞에 포스터가 붙어 있었기에 봤더니, 거기에는 졸업 여행에 대한 내용이 쓰여 있었다. 여행지는 여러 가지로, 가까이는 한국이나 대만도 있었고, 멀리는 괌이나 하와이도 있었다. 나의 대학 시절에는 졸업 여행으로 이렇게 비싼 곳은 갈 수 없었었지, 하고 생각하면서, 이것도 요즘의 글로벌화에 부응하여 변화해 온 결과일 것이라고 생각하자니 이상한 기분이 들었다.
51	2	
52	2	
53	1	

1
- **1** ① 주민들의 요구에 부응하여, 주차장을 개축하기로 했습니다.
- **2** ① 일본 여행을 갈 때에 즈음하여, 맛있는 라멘집을 찾아보았다.

2
- **1** ①-④-②-③ 아들을 초등학교에 입학시킴에 앞서, 기본적인 한자를 외우게 했다.
- **2** ④-②-③-① 토쿠나가 씨는 일본의 매스미디어에 대해 연구하고 있습니다.

3
- **1** ④ 딸은 그림 실력에 관한 한, 어른보다도 잘 그린다.
- **2** ④ 고객님의 요구에 부응하여, 할인권의 사용 기간을 1주일 연장했습니다.

DAY 19

1	1	선생님이든 부모님이든, 그녀를 믿지 않았다.

1
- **1** ③ 부모 입장에서는, 아이를 걱정하는 것은 당연한 것이다.
- **2** ① 아무리 싸게 샀다 쳐도, 그건 너무 많아.

2
- **1** ④-③-①-② 친구든 부모님이든, 그를 믿어주는 사람은 없었다.
- **2** ①-③-②-④ 아무리 마르고 싶다고 해도, 식사를 하지 않는 것은 몸에 너무 나빠.

3
- **1** ② 학생 입장에서는, 태풍으로 학교가 쉬는 것은 기쁜 일이다.
- **2** ② 하루카 씨는, 고작 1년 독일에 있던 것 치고는 독일어를 너무 잘한다.

DAY 20

1	2	그렇네요. 확실히 이건 제가 떨어뜨린 열쇠임에 틀림없습니다.

1
- **1** ① 정부의 장사에 대한 가이드라인에 따라 영업하고 있습니다.
- **2** ② 시험을 대비하여, 제대로 시험공부 하는 거야.

2
- **1** ②-③-④-① 아기를 동물에 비유하자면 마치 토끼 같다.
- **2** ②-①-④-③ 이 지역에는, 미국인에 뒤이어 일본인이 두 번째로 많다.

3
- **1** ④ 이 소리는 구급차 소리임에 틀림없다.
- **2** ③ 부산은 서울에 버금가는 대도시입니다.

DAY 21

50	1
51	2
52	1
53	3

산업 발달에 따라, 환경 문제도 심해지고 있다. 그로 인해 최근 '재활용'에 대한 관심이 높아지고 있다. 처음에는 너무나도 세세해진 재활용 방식에 저항을 느끼는 사람도 있었지만, 지금은 완전히 익숙해진 모양이다. 나도 지금은 슈퍼에서 물건을 살 때, 상품을 볼 때마다 '이건 타는 쓰레기, 이건 안 타는 쓰레기'하고, 멋대로 머릿속에서 분류하곤 한다.

1
 1 ③ 가게 내부를 청소하고 있으므로, 1시간 후에 다시 와 주세요.
 2 ④ 여행에서 찍은 사진을 볼 때마다 그때를 떠올린다.

2
 1 ①-③-②-④ 현재 이곳은 공사 중이므로 반대쪽으로 이동해 주세요.
 2 ②-①-④-③ 이 음악을 들을 때마다 그때를 떠올린다.

3
 1 ① 어릴 때부터 좋든 나쁘든 언제나 언니와 비교당해 왔다.
 2 ① 경제가 발전하는 것에 동반해서, 부작용도 나오는 것이다.

DAY 22

1 4 회사에 가기는 가지만, 역시 오늘은 쉬고 싶다.

1
 1 ① 전 사원을 향해서 발표한다.
 2 ② 맛있지 않을 것이라고 생각했는데, 예상어 반해서 매우 맛있었다.

2
 1 ①-②-③-④ 선생님에게 말해 보기는 말해 보겠지만, 용서해 주시지 않을지도 모른다.
 2 ④-②-①-③ 회사가 성장할 수 있었던 것은 사원 전원의 노력이 있었기 때문이다.

3
 1 ③ 그녀는 대학에 합격했음에도 불구하고, 즐겁지 않은 얼굴을 하고 있다.
 2 ① 새로 온 선생님, 무섭지 않을까 했는데, 예상에 반해서(예상과 달리) 상냥했다.

DAY 23

1 4 라멘 주세요. 아, 멘마(말린 죽순) 빼고 파만 넣어 주세요.

1
 1 ③ 이번에는 인사는 생략하고 본론만 이야기하겠습니다.
 2 ④ 감정을 빼고, 냉정하게 생각해서 얘기해.

2
 1 ②-①-③-④ 이 정책은 그 교수의 논문에 기초해서 세워졌습니다.
 2 ①-②-④-③ 돈의 가치는 사람에 따라 각자 다른 법입니다.

3
 1 ③ 성별에 관계없이, 조건이 맞으면 일할 수 있습니다.
 2 ① 그것은 그의 노력을 빼고서는 논할 수 없는 문제라고 생각해.

DAY 24

50	2
51	1
52	3
53	4

나는 감기에 걸렸다. 벌써 보름이나 지났다. 병원에도 가 보았지만, 좋아지지 않는 것뿐만 아니라 증상은 점점 더 심해지고만 있다. 혹시 중병일까? 싶어 다른 병원에도 가 보았지만, 단순한 감기라는 말만 돌아왔다. 하지만, 이제 약 없이는 잠들 수 없을 만큼 심해지고 있다. 내일 또 약을 받으러 병원에 가야만 한다.

1
 1 ③ 미무라 씨를 빼고는 회의가 진행되지 않아요.
 2 ④ 도쿄는 일본 정치의 중심일 뿐만 아니라, 경제와 문화의 중심이기도 하다.

2
 1 ①-③-④-② 그 게임은 아이뿐만 아니라 어른도 즐기고 있는 것 같다.
 2 ④-③-①-② 아키모토 부장 밑에서 일을 하고 있는 미오 와카라고 합니다.

3
 1 ① 우리들은 지금이니까(지금이야말로) 좀 더 글로벌한 생활 방식을 익혀야만 한다.
 2 ① 이세 선생님 밑에서 문학 연구를 하고 있는 타니라고 합니다.

DAY 25

1 4 학생은 성실히 공부해야 한다.

1
- 1 ④ 이유는 어쨌건, 지각한 것은 용서할 수 없어.
- 2 ① 그녀는 성격은 물론, 목소리도 다정하다.

2
- 1 ④-③-②-① 그 옷 그렇게 갖고 싶었으면 사면 됐을 텐데.
- 2 ④-②-①-③ 부장님은 리더십이 있어서, 팀원에게는 물론 사장님에게도 신용받고 있다.

3
- 1 ② 그녀와 만난 것은 졸업 이래였으니까, 딱 10년 만에 만난 것이다.
- 2 ① 노인이 있으면 자리를 양보해야 한다.

DAY 26

1 3 최근 노인 대상의 영어 교실이 유행하고 있다고 합니다.

1
- 1 ① 범인이 도망가 버렸으니까, 경찰에 갈 수밖에 없다.
- 2 ② 초심자에 적합한 기타는 있을까요?

2
- 1 ④-②-①-③ 두 번 다시 술 따위 마시지 않을 것이다.
- 2 ④-①-②-③ 얼마간, 이 나라의 경기는 좋아지지 않을 것이다.

3
- 1 ④ 괜찮아. 남으면 내일 먹으면 그만이야.
- 2 ① 이렇게 추워졌다면, 이제 겨울옷을 꺼낼 수밖에 없다.

DAY 27

50	1
51	2
52	1
53	4

전쟁 등으로 고통받고 있는 아이들을 돕기 위해 세계를 돌고 있는 스기하라 씨. 스기하라 씨는, 도움을 청하는 아이가 있으면, 그 아이가 어디에 살고 있는가도 개의치 않고 그 아이를 도우러 간다. "처음엔 좀 무서웠죠. 역시, 아직 전쟁의 흔적이 남아있는 곳도 있고요. 하지만, 이런 정도로 질까 보냐! 하고, 그때마다 스스로에게 외친답니다."라고, 이 훌륭한 젊은이는 웃었다. 스기하라 씨의 말에는, 다른 사람에게 희망을 갖게 하는 데가 있다.

1
- 1 ① 대학에 가는 사람도 있고, 취직하는 사람도 있다.
- 2 ① 그는 내 손이 더러운 것도 개의치 않고 내 손을 잡았다.

2
- 1 ①-②-④-③ 힘든 일도 있지만 이런 걸로 질까 보냐.
- 2 ①-④-②-③ 책을 읽는 것을 좋아하는 사람도 있고 싫어하는 사람도 있다.

3
- 1 ② 모리타 씨와는, 아무리 해도 성격적으로 맞지 않는 데가 있습니다.
- 2 ① 매너모드로 하고 있었기 때문에, 알아채지 못했어.

DAY 28

1 1 열심히 해서 시험은 봤는데, 붙을지는 자신 없어.

1
- 1 ① 태풍은 내일모레 일본에 상륙할 것으로 여겨집니다.
- 2 ① 이 정도 계산도 못 해서는, 입학하고 나서가 걱정이다.

2
- 1 ②-①-③-④ 미국에 갈 수 있다면 가고 싶다.
- 2 ①-②-④-③ 책상 위가 펜이니 신문이니 여러 가지 것들로 어질러져 있다.

3
- 1 ① 일단 전화는 걸었는데, 뭐라고 말하면 좋을지 모르겠어.
- 2 ① 누나의 결혼이 결정되고 나서, 나는 기쁘기도 하고 쓸쓸하기도 하고, 복잡한 기분이다.

DAY 29

	1	3	대학생치고는 훌륭한 논문을 쓰는군.
1	1	①	자, 오늘은 아무것도 생각하지 말고 마시지 않겠는가!
	2	③	집에 돌아가면 손 씻기와 양치질 제대로 하도록.
2	1	①-④-②-③	식사 때마다 이 약을 먹도록 해 주세요.
	2	①-③-②-④	열심히 일본어 공부를 해서, 지금은 일본어로 된 소설도 읽을 수 있게 되었습니다.
3	1	①	격한 운동을 하는 것에 비해서는, 별로 살이 안 빠지네.
	2	③	대학에 갔다고 해서, 반드시 취직할 수 있는 것은 아니다.

DAY 30

	50	1	우연한 일을 계기로 인생이 변한 적은 없습니까? 나에게는 그런 경험이 있습니다. 나는 이렇다 할 꿈이 없었습니다만, 우연히 본 영화가 매우 좋았기에, 그날부터 영화감독을 꿈으로 했습니다. 물론 처음에는 부모님의 반대도 있었고, 영화를 공부하는 것도 힘들었습니다만, 지금 이렇게 연령, 성별을 불문하고 사랑받는 영화를 만들 수 있어서 정말 기쁩니다.
	51	2	
	52	3	
	53	4	
1	1	④	연령을 불문하고 전 국민에게 사랑받아 온 가수였습니다.
	2	②	회사를 그만둔 것을 계기로 유튜브를 시작했습니다.
2	1	④-①-②-③	그 문제를 빼고서는 이야기가 진행되지 않잖습니까.
	2	①-③-②-④	그 팀에는 이치하라 씨를 포함해서 유능한 사람이 많이 있어서 부럽다.
3	1	①	수요일은 가게의 정기 휴일이므로, 그날을 제외하고 와 주세요.
	2	①	시민회관에서 대학생을 대상으로 한 세미나가 열렸습니다.

JLPT N2 문자어휘편·문법편

초판 1쇄 발행 | 2025년 1월 1일
지은이 | 윤선아(유이)

감수 | 徳竹真衣(토쿠타케 마이), 小川一枝(오가와 카즈에)
디자인 | 백현지

발행인 | 안희철
펴낸곳 | 노이지콘텐츠(주)
출판등록 | 2014년 1월 17일 (등록번호 301-2014-015)
주소 | 서울특별시 금천구 디지털로 178, B동 1612-13호(가산동)
이메일 | info@noisycontents.com

ISBN 979-11-6614-817-0(13730)

* 본 책은 저작권법에 의해 보호를 받는 저작물이므로 무단 전재와 복제를 금합니다.
* 잘못된 책은 구입처에서 교환하여 드립니다.